陈特军 谢绫丹 ◎ 著

销售攻心战

图书在版编目（CIP）数据

销售攻心战 / 陈特军，谢绫丹著 . — 北京：北京联合出版公司，2020.11
ISBN 978-7-5596-4429-9

Ⅰ . ①销⋯ Ⅱ . ①陈⋯ ②谢⋯ Ⅲ . ①销售—商业心理学 Ⅳ . ① F713.55

中国版本图书馆 CIP 数据核字（2020）第 129567 号

销售攻心战

作　　者：陈特军　谢绫丹
出 品 人：赵红仕
选题策划：北京时代光华图书有限公司
责任编辑：徐　樟
特约编辑：谢　添
封面设计：零创意文化

北京联合出版公司出版
（北京市西城区德外大街83号楼9层　　100088）
北京时代光华图书有限公司发行
北京晨旭印刷厂印刷　　新华书店经销
字数181千字　　787毫米 ×1092毫米　　1/16　　17.25印张
2020年11月第1版　　2020年11月第1次印刷
ISBN　978-7-5596-4429-9
定价：58.00元

版权所有，侵权必究
未经许可，不得以任何方式复制或抄袭本书部分或全部内容
本书若有质量问题，请与本社图书销售中心联系调换。电话：（010）64258472-800

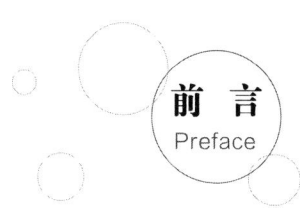
前言
Preface

你是否为销售业绩平平而焦虑不已?

你是否觉得客户的心思很难猜?

为什么一个看起来稳操胜券的订单,一夜之间就被竞争对手抢走了?

为什么客户明明对你的产品很有兴趣,却就是不下单呢?

为什么前期交流得很顺畅,一到要成交时客户就打退堂鼓?

为什么你一再保证,客户就是不信任你?

同样是销售人员,为什么有的人每战必捷、大有斩获,你却屡战屡败,常常以吃闭门羹收场?

……

美国一项最新调查显示,那些优秀销售员的业绩往往是一般销售员业绩的300倍。在为数众多的企业中,80%的业绩是由20%的销售员创造的,而这20%的人并不一定就是帅哥美女,也并不一定有三寸不烂之舌，他们业绩突出是因为他们精通销售心理学。

世界上最遥远的距离并非天南地北，而是心灵之间的距离。销售人员学好经济学、管理学的同时，还要掌握心理学。销售人员最大的优势就是心理素质好、情商高。销售业绩不同凡响的关键就是在掌握客户心理的基础上展开攻势：或塑造强大气场，成功打开客户的心门；或营造有利态势，消除他们的疑虑；或与其结交朋友，卸下他们的心理防线；或言明利害，激发他们的购买欲望；或巧用暗示引导他们的行为……

想要成功地售出产品，就要站在客户的角度去思考。然而，如何才能知道客户心中所想呢？

你一定要洞悉人性的本质，懂得察言、观色、攻心，通过客户的一个表情、一个动作、一句话、一个眼神等举手投足间的蛛丝马迹，洞悉其心理活动，进而采取有效的应对措施，掌握交易的主动权。

所以，你必须让自己修炼成一名"神枪手"，一句话就能打中客户的要害。你必须让自己练就一双"火眼金睛"，一眼就能看清客户的心理需求，这个需求就是决定客户是否签单的关键"命门"。

本书从实用性出发，融合销售精英多年的实战经验，通过大量精彩巧妙的销售案例，分析解读销售心理学的种种玄机，并提供行动指南，将一些心理学技巧全方位地运用到销售过程中。它为我们搭起一座通往客户内心的桥梁，告诉我们如何透过现象看本质，清楚了解客户购买心理的微妙变化，帮助销售新手成为销售老手，帮助销售老手成为销售高手。

　　这是一本利用心理学化解销售难题的书，是一本走心的、接地气的销售随身必备书。书中的内容有如从客户内心深处直接拍摄下来的鲜活镜头，每个镜头都是销售心理战术的现场直播。通过它，你将推开销售的大门，看见人性百花园中绚丽多姿、色彩斑斓的花朵……

| 第一章 |

修心：销售不是打嘴仗，而是拼心理

1. 心理素质不过硬，你把东西卖给谁 / 003

2. 练就灵活的应变力，变劣势为优势 / 006

3. 保持一颗平常心，无形之中化解拒绝 / 009

4. 克服恐惧，拿出勇气面对困难 / 013

5. 提高亲和力，让人人都喜欢你 / 017

6. 我们只有对客户热情，才可能赢得客户的热情 / 020

7. 幽默让你更有吸引力 / 024

8. 用嘴不如用心 / 028

| 第二章 |

读心：肢体小动作出卖内心大机密

1. 察眉：通过"眉语"了解客户心底的秘密 / 033

2. 观目：客户想什么，从眼神中就能找到答案 / 037

3. 看口：嘴角变化泄露客户心中的小九九 / 041

4. 握手："触摸"客户心灵 / 045

5. 从手的动作读懂客户的心思 / 048

6. 膝盖做出的动作，比面部表情更可信 / 052

7. "脚语"说出真心话 / 055

8. 通过吃相来判断客户喜好 / 059

9. 酒不但能暴露性格，还能暴露偏好 / 062

| 第三章 |

听心：80%的成交要靠耳朵完成

1. 不善言辞的人为何能成为销售高手 / 067

2. 听懂客户的弦外之音 / 070

3. 语言中暗含的成交信号 / 075

4. 叫好的是看客，挑剔的才是买主 / 079

5. 客户口中的"考虑考虑"是什么意思 / 084

| 第四章 |

攻心：销售"一阳指"直点人性死穴

1. 谈话一开始，就迅速攻占对方的心 / 089

2. 抓住人性弱点，直击客户死穴 / 093

3. 禁果效应：得不到的永远是最好的 / 096

4. 你给"面子"，他掏"票子"/ 101

5. 造势攻心，让客户主动送上门 / 104

6. 吸引客户成为"忠实消费者"/ 108

| 第五章 |

赢心：掌控客户，销售就是搞定人

1. 让客户的"担心"变"安心"/ 113

2. 用你的"诚心"换取客户的"信心"/ 116

3. 你要表现得比客户"傻"一点 / 121

4. 投射效应：让客户觉得你是自己人 / 124

5. 消除陌生，把任何人都当作客户 / 129

6. 给客户一个台阶，给自己留有成交余地 / 133

7. 占争论的便宜越多，吃销售的亏越大 / 137

8. 投其所好，区分对待不同性格的客户 / 140

| 第六章 |

牵心：让客户跟着你的思路走

1. 用潜意识引导客户下单 / 147

2. 让客户在你的设定中选择 / 151

3. 多替客户着想，做好关联销售 / 155

4. 引导话题转向自己期待的方向 / 159

5. 让客户多说"是"，少说"不" / 163

6. 引导客户关注价值，而不是价格 / 167

7. 刺激客户主动"上钩" / 170

8. 假设已经成交，将生米煮成熟饭 / 173

9. 提供"免费午餐"，诱导客户购买 / 177

10. 把客户注意力转移到产品上 / 182

| 第七章 |

套心：销售中的"心理学诡计"

1. 让客户感到占了便宜 / 189

2. 让客户患上所有权依赖症 / 196

3. 逐步提出要求，不断缩小差距 / 200

4. 已付出的成本让人难以终止消费 / 205

5. 让客户认为产品与自己有关 / 208

6. 让客户自己说服自己 / 212

7. 换个方式思考问题，用有创意的点子拿下客户 / 215

8. 装糊涂，让对方在不知不觉中接受你的要求 / 219

9. 将商品罩在光环之下，促使客户立刻行动 / 222

| 第八章 |

定心："逼迫"客户立即下单

1. 利用稀缺效应，促成今日交易 / 229

2. 用危机感促使犹豫不决型客户下决心 / 233

3. 用暗示法成交 / 236

4. 善意的"威胁"让客户坚定购买决心 / 239

5. 趁热打铁，巧妙利用客户的冲动心理促进成交 / 242

6. 折中效应：给客户一个购买的理由 / 246

7. 刺激客户，促成交易 / 249

8. 了解购买动机，有的放矢 / 254

9. 抓住成交信号，果断出手 / 260

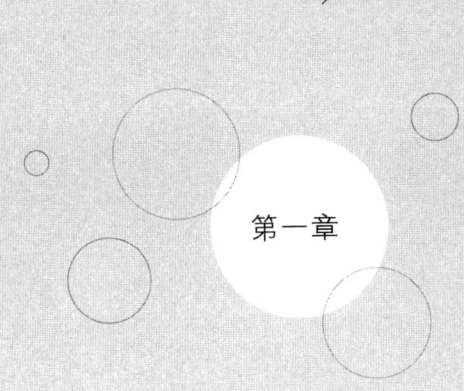

第一章

修心：销售不是打嘴仗，而是拼心理

第一章
修心：销售不是打嘴仗，而是拼心理

1. 心理素质不过硬，你把东西卖给谁

美国心理学大师克里蒙特·斯通提出：态度决定结果，对于同一件事，用不同的态度去对待，就会产生完全不同的结果。这就是斯通定律，它曾经一度风靡全美，造就了很多亿万富豪，被誉为"永不失败的心理学定律"。

作为销售员，你只有保持积极、乐观的态度，才能消除客户的冷漠，换取客户对你的信任和好感，才能将产品真正售出。

在销售中，斯通定律也可以指导我们怎样与客户相处。

销售员小王想向一家公司销售一批新的生产设备，他想方设法找到采购部的周总，请周总的助理把自己的名片递进去。毕竟采购部掌控着整个公司的钱粮，这位周总架子不小，助理恭敬地把名片交给他，一如预期，他很不耐烦地将名片丢回去："又来了！"

助理很无奈地把名片退给站在门外的小王，然而小王再次把名

片递给了助理,说:"不要紧,我下次再来拜访。名片还是请周总留下吧。"

拗不过小王,助理硬着头皮再次走进办公室。周总生气了,把名片撕成两半,丢给助理。助理手足无措地愣在了那里,周总更气,从衣兜中拿出20元钱:"20元钱买他一张名片,这总够了吧。"

岂料,当助理把20元钱递给小王时,小王很开心地朗声说:"请您跟周总说,20元钱可以买我两张名片,我还欠他一张。"随即又掏出一张名片交给助理。

突然,办公室传来一阵爽朗的笑声,周总走了出来:"这样的业务员,我必须见一见啊。"即使被打击和拒绝了很多次,小王仍旧愈挫愈勇,并用幽默打动了客户,我们不能不被他积极的心态折服。即使周总这次没有合适的项目与小王合作,但如果下次有合适的项目,周总肯定会想到他。这就说明,只要我们在客户面前积极一点,即使被拒绝了,仍旧有可能扭转局势,反败为胜。

案例中的小王之所以能够获得成功,就在于他以一种积极的态度来面对客户的冷漠。面对客户的冷漠,他不但没有表现出失落的情绪,反而用幽默巧妙地做了回应,正是他这种积极乐观的心态和对成功的信心打动了客户。

不管客户怎样对待你,你都要保持积极的心态,让客户看到你的好形象、高素质。这不但对客户改变先前对你的看法有一定助益,也有利于你维护自身形象。那么,你应该从哪些方面做起,来保持积极的良好心态呢?

第一章
修心：销售不是打嘴仗，而是拼心理

实用妙招

- 平静

在遭遇挫败时要能够保持平静的心态，多分析客户的心理，不断调整自己的状态，改进工作方法，使自己能够面对一切冷漠、责难。唯有如此，才能够攻坚克难。

- 韧性

销售工作是非常辛苦的，这就要求销售员具有吃苦耐劳、坚持不懈的韧性。"吃得苦中苦，方为人上人。"销售工作从来都不是一帆风顺的，会遇到许多困难，销售员要有解决困难的韧劲儿，要有百折不挠的毅力。

- 自信

自信是一种无坚不摧的精神力量。一定要对自己的工作信心十足，每天开始的时候，都要给自己加油打气——我是最棒的！同时要相信公司提供给客户的产品是同类产品中最优秀的，相信公司是你实现人生价值的平台。

- 诚恳

销售员必须抱有一颗赤诚之心，诚恳地对待客户、对待同仁、对待周围的所有人。这样，大家才会尊重你、信赖你。

2. 练就灵活的应变力，变劣势为优势

生活中的麻烦总是接踵而至，并且出乎意料，令我们猝不及防，甚至惊慌失措，无以应对。

这时，如果我们拥有灵活机智的应变力，就能从容不迫地分析情况，运用巧妙的方法灵活应对，最终化险为夷，摆脱窘境。但是如果我们缺乏灵活的应变力，遇事就容易不知所措，甚至鲁莽行事，让事态变得更糟糕，问题变得更严重。

应变力是一个人面对外部环境变化的适应能力。对于销售员而言，应变能力是其要具备的一项最基本的素质，是确保销售获得成功的一个先决条件。因为销售员所接触的客户形形色色，其中倔强、蛮横、固执、冷漠、傲慢者大有人在，销售员如果没有灵活机敏的应变能力，就会很难与不同的客户打交道。

在一个新品发布会上，销售员小李当众展示一款不会摔碎的钢

第一章
修心：销售不是打嘴仗，而是拼心理

化玻璃茶杯。

小李先对茶杯进行了一番详细介绍，然后开始给客户示范。这时，令他始料未及的情况发生了，他错拿了一只质量差的茶杯，杯子落在地面，一声脆响后摔碎了。

众人哄堂大笑。

小李被这突发状况弄得一惊，但很快就回过神来，沉着地说："像这样质量不过关的茶杯，我们是绝不会卖给大家的。"

幽默的话语又引起一阵笑声，但两场大笑的原因却是截然不同的，众人之前的笑更多的是嘲讽，而这次的笑却是赞赏。

小李用灵活机敏的应变力化解了尴尬局面，不但把自己从窘境中解救出来，还获得了客户的肯定，并由此获得了大量的订单。

试想一下，假如当时销售员小李不知道怎样正确处理、应对此事，那么除了让自己处于尴尬境地，恐怕别无他法。可见运用灵活机敏的应变力完全能够扭转态势，变劣势为优势。

应变力考察的是人们随机应变的能力。销售员想让自己拥有并有效发挥随机应变的能力，就不能刻板地例行公事、墨守成规，而应该努力练就一双善于发现新情况、新问题的慧眼。而且还要能对这些新问题、新情况进行认真分析，总结出经验教训并运用到自己的日常工作中，逐步提高自己处理问题的能力。这样，销售员在面对突发事件时才能沉着冷静，理性分析，千方百计化解不利因素，而不是莽撞行事。

想要拥有灵活机敏的应变力，需要销售员有灵活的头脑，说话办事恰到好处，不过分也不虚假，这样才能赢得客户信赖，给客户留下良好的印象，才有利于后续销售活动的展开。

因此，想要在与客户的交流中赢得肯定和赞赏，想要化尴尬局面为有利局面，提高自己的销售业绩，就一定要练好处事不惊的应变力。

实用妙招

- 增强阅历、知识

面对突发状况，那些知识、阅历丰富的人往往反应更加敏捷。销售员不一定每个方面的知识都得专业，只需掌握一些公共性的基本知识就可以，这样能够避免与客户交流时反应迟钝。另外，在与客户沟通之前，销售员一定要把可能发生的问题提前罗列，这样可以有效地避免更多突发事件的发生。

- 锻炼逻辑思维能力

加强逻辑思维能力，能够让销售员在突发事件面前做出准确的判断，用精准的语言解除尴尬。那么怎样才能提高逻辑思维能力呢？

（1）理清自己的思路，然后再去表达。

（2）坚持做笔记，当你无法将问题清晰表达时，一定要打个底稿，这样可以避免使自己的思路跑偏。

（3）常常反问自己，为何会出现这种问题：客户为何会嫌价格贵？价格是真正的原因吗？

3. 保持一颗平常心，无形之中化解拒绝

每个销售员都和"拒绝"这两个字有着不解之缘。在销售工作中，销售员会遇到无数次拒绝。这时，你要明白，被拒绝其实是销售工作中的"家常便饭"。

对于客户而言，拒绝是一种习惯性的反射。一般而言，只有遭遇了拒绝，销售员才有机会了解到客户真正的想法，从而找到化解拒绝的最好方法。

美国营销专家的调查表明，销售员每达成一次交易，至少要遭遇客户六次拒绝。如果销售员能把每一次被拒绝都看作距离成交又近了一步，那么，遭受拒绝就不再是一件令人痛苦的事。我们可以在拒绝中寻找扭转败局的契机，促使成交的到来。当我们凭借着积极的态度、良好的心理素质一次次地战胜拒绝，迎来源源不断的成功时，我们就会发现，拒绝原来也可以变成一种享受。

杰克是一名销售员。有一次，当客户拒绝他后，他并没有垂头丧气，而是站起来准备告别。他向客户深深地鞠了一躬，说："非常感谢您，您帮助我向成功又迈进了一步。"

客户觉得十分意外，心想：我拒绝得那么干脆，他怎么还要谢我呢？好奇心驱使客户问道："为何你被我拒绝了还要谢我？"

杰克一本正经地说："我的经理告诉我，当我遭到30个人的拒绝后，再下一个就能成交了。您是拒绝我的第29个人，再多一个，我就成功了。所以，我当然要感谢您。您给了我一次机会，帮我加快了迈向成功的脚步。"

客户很欣赏杰克这种乐观的心态，最终决定购买他的产品。

优秀的销售员在面对客户无数次的拒绝时，从来没有想过逃避现实和怨天尤人，他们做得更多的是正确看待客户的拒绝，并从中找到与客户达成交易的突破点。

实用妙招

那么，销售员应该怎样应对客户的拒绝呢？

- 专心聆听客户的拒绝

很多时候，销售员一听到客户拒绝自己，就开始对客户表现得不耐烦。这么做不但让客户觉得你没礼貌，而且会显得你一点专业素养都没有。正确的做法是，当客户拒绝你时，不要急着去辩解，要认真地聆听客户说了什么，逐渐化解客户的

第一章
修心：销售不是打嘴仗，而是拼心理

异议。

- 询问客户拒绝的原因

当你倾听完客户的拒绝之后，就可以去询问客户拒绝的原因了。回应拒绝的最好方法就是多提问。你需要搞明白客户拒绝你的原因到底是什么。

- 帮助客户化解问题

销售员要顺着客户的思路，将客户反对的问题一一加以化解。

- 将客户的注意力引导到产品上

在与客户交流的过程中，你了解了问题的关键，就可以进一步向客户介绍你的产品和服务，告诉客户你能怎样满足他们的需求。

具体而言，客户拒绝的理由有很多，下面列举一些常见的拒绝理由及化解的方法，供你参考。

- 客户说："我要先跟我先生商量一下！"

销售员应该说："好，女士，我理解。可否约您先生一起来谈谈？约在这个周日，或者更适合您的哪一天？"

- 客户说："我们会再跟你联系！"

销售员应该说："女士，或许您当前没有什么太大的意愿，不过，我还是很愿意让您了解一下，要是能参与这项业务，对您大有裨益！"

- 客户说:"不好意思,我没有钱!"

销售员应该说:"我理解您。能绝对自由支配金钱的人毕竟是少数,正是由于如此,我们现在已经找到一种方法,可以让您用最少的投入创造最大的利润,这不是对未来的最好保障吗?在这方面,我愿意助您一臂之力,可不可以下周六,或者周日来拜见您呢?"

- 客户说:"我不感兴趣。"

销售员应该说:"我完全理解,对一个不能相信或者根本不了解的事情,您当然不可能立刻产生兴趣,有疑虑、有问题是很正常的,让我为您解说一下吧,您看周几合适呢?"

第一章
修心：销售不是打嘴仗，而是拼心理

4. 克服恐惧，拿出勇气面对困难

很多销售员不敢与人打交道，新入行的销售员在这一点上表现得尤为明显。相关数据表明，由于缺乏勇气而被淘汰的销售员高达40％，这些人多半在入职后短时间内无法适应销售工作。

美国销售员协会曾经做过一个长期的调查，结果发现：48％的销售员，在首次推销遭遇失败之后就放弃了；25％的销售员，在第二次遭遇失败后退缩了；12％的销售员，在第三次遭遇失败后退却了；5％的销售员，在第四次遭遇失败后也鸣金收兵了；只剩下10％的销售员锲而不舍，继续推销下去，结果80％销售成功的个案，都是由这10％的销售员推销五次以上达成的。

由此可见，销售员效率不佳，多半出于一种共同的心理，那就是担心客户拒绝。

销售员比尔因为常常被客户拒之门外，慢慢患上了"敲门恐惧症"。他最初对自己没有一点信心，每天要敲陌生人的门，说一大堆好话，还十有八九是失败，内心对敲门充满了恐惧。

一天，他遇到一名资深的销售专家，销售专家要求他想象自己正站在即将拜访的客户门口。

比尔说："我正站在客户门口。"

销售专家问："很好！那么，接下来，你打算到哪里去？"

比尔说："我打算进入客户的家中！"

销售专家又问："当你进入客户家中后，想象一下，最坏的情况会是怎样的呢？"

比尔说："最坏的情况，应该是被客户赶出来吧！"

销售专家接着问："被赶出来之后，你又回到什么地方了呢？"

比尔说："嗯……还是在客户家的门口呀！"

销售专家说："很好，那不就是你现在所站的位置吗？最坏的结果，不过是回到原处，你又有什么可害怕的呢？"

从那之后，比尔好像变了个人似的，只要有1％的希望，他都会付出100％的努力，甚至对看上去根本不会买产品的客户，他也从不轻易放弃。有一次，他顶着烈日跑了十几趟，好不容易让客户买了一份产品。可没过几天，客户又要退货，他只好又上门把货给退了。

"这没什么，失败了又能怎么样呢？最坏的结果不过是退到原处，我并没有损失什么，相反还增加了很多工作经验和生活体验呢。"就这样，比尔最终不但战胜了"敲门恐惧症"，后来还成为他所在公司销售业绩最好的销售员。

第一章
修心：销售不是打嘴仗，而是拼心理

由此可见，在销售时，销售员唯有克服恐惧，才能泰然自若地与客户交流。越怵头的事情，越要勇敢去做，这样你才会战胜恐惧，否则，恐惧就会成为你心头上的一座大山，压得你喘不过气来。

对一个从事销售工作的人而言，恐惧是一种很不利的感觉。每一个销售员都会在某个时刻出现不愿拜访客户的职业恐惧症，如果处理不好，会直接导致销售失败。而销售员之所以会产生恐惧感，主要就是因为自己缺乏勇气。

只要你能鼓足勇气，勇敢迈出第一步，大胆地接触客户，那么后面的事就不会令你觉得那么艰难了。

实用妙招

做到以下几点，你一定能克服恐惧心理。

- 找到自己的优点，驱逐自卑感

有位心理学专家说过："任何人都有优点，心中充满自信就会无坚不摧。"因此，在和陌生人见面前，思考一下自己优于他人的地方，就算自认为微不足道的优势，也可以运用自我扩大的方法，将之扩大成引以为豪的优点，将那些自己所深恶痛绝的自卑感驱逐出去，消除不安情绪。

- 尝试朗声讲话

与客户第一次见面时，你不妨试着说话放开音量，大声寒暄，有力地和客户握手，说些无伤大雅的玩笑话或爽朗地大笑，这些举措都会令你紧张的心情得以缓解，害怕与畏惧也就被抛到九霄云外了。

- 得失面前保持一颗平常心

与客户交往时，你想要立刻达到目的，往往欲速不达，反而会因急于求成而显得惊慌失措，令自己尽显窘态，不能发挥真正的实力。因此，在与陌生人接触时，你不要把初次见面的得失看得那么重要，而是告诉自己，与客户建立良好的关系，能获得下次见面的机会就成功了一半。这样，你就会心平气和、从容自若地与客户沟通了。

- 评估客户，转移焦点

与客户初次见面时，人们往往会很在意对方对自己的评价。但作为销售员，如果时时在乎对方的想法，心中就会有患得患失之感，从而产生巨大的压力，使自己手足无措。因此，你不如暂时忘掉自我，反过来品评客户，认真观察他的服饰、神态，找到他的缺点。这样，在心理上你就能够由被动变主动，产生与对方平等的感觉，紧张感与恐惧感便会随之消失。

- 忘记客户的地位、头衔

与客户第一次见面时，其地位、头衔会给你压迫感，让你在心理上情不自禁地产生无形的压力。实际上，客户与你一样都是血肉之躯，也都是从年轻时成长起来的，一定也干过年少无知的尴尬事，肯定也有着脆弱的一面。因此，你只要想着："同样是人，我害怕他什么呢？"紧张的心情就会自然而然地放松下来。

第一章
修心：销售不是打嘴仗，而是拼心理

5. 提高亲和力，让人人都喜欢你

你越欣赏别人，别人也会越欣赏你，你就越容易与对方建立起良好的关系。你应该有这种体会，一个为你所接受、欣赏或依赖的人，通常对你的影响力和说服力很大。因此，如果能够做到让客户欣赏，他就很容易接受你的建议。客户购买动机的产生，并不都是由于你的产品，对你个人的看法也会直接影响他的购买动机。通常，人们不会向自己不喜欢的人买东西，而是愿意购买自己喜欢的人销售的产品。

销售员小田在这方面做得就非常成功，他每次拜访客户时，见到对方的第一句话都是："您好，我是一个路过这里的装饰材料销售员，我很口渴，您能给我一杯水喝吗？"一般情况下，大部分人都不会拒绝这个衣冠整洁、说话彬彬有礼的年轻人的小小请求。小田常常利用喝水这段宝贵的时间，同客户谈论起装修装饰方面的问题，然后再顺其自然地将话题引到自己所销售的产品上。

实际上，小田通过"要水喝"这个寻常的举动，不知不觉地做了一次成功的推销。

一杯水为何能起到这么大的作用呢？这是因为小田向客户要水喝的举动，很自然地与客户开启了对话，销售的直接目的在一开始就被淡化了。在喝水时，小田会跟客户聊聊天，顺便赞美一下主人一手打理的整洁居室，这样既能拉近与客户间的距离，又能了解客户的真实想法。

这就是亲和力展现的神奇效果。亲和力是人与人之间建立友谊的前提，也是影响和说服他人的基础。对于销售员而言，它也是促使人们开心购物的必要条件，它让客户减少了对销售员的疑虑。如果把销售员和客户的沟通比作两个齿轮相互磨合，那么亲和力就是齿轮之间的润滑油，它能使整个销售过程在亲切友好的氛围中进行。

优秀的销售员都具有很高的亲和力，他们能在不经意间运用这种力量，与任何人在任何时刻建立起一种亲切的关系。他们会利用亲和力让每一个人放松下来，博得对方的信任，让客户欣赏他们、接受他们。

当你真正与客户产生亲切感时，你就能了解他们的想法，与他们愉快地沟通。亲和力能让你从自己的世界进入对方的世界，如此，客户就会愿意跟你合作。

第一章
修心：销售不是打嘴仗，而是拼心理

实用妙招

作为销售员，应该怎样练就自己的亲和力呢？重点是坚持以下几个原则：

（1）尽力制造轻松愉悦的谈话氛围。

（2）学习不同风格的说话方式，尽量与不同性格的客户都合拍。

（3）铭记人情味是拉近距离的关键。

（4）找出你和客户的共同爱好。

6. 我们只有对客户热情，才可能赢得客户的热情

人与人之间的关系都是相互的，销售员在希望客户对自己友好、热情前，是不是应该先对客户露出灿烂的笑容呢？

某个阴雨天的上午，有位老太太走进一家装饰建材公司，漫无目的地在商品区闲逛，一副没有购物打算的样子。大多数的销售员只对她瞧上一眼，然后就自顾自地忙着整理货架上的物品，谁也没有搭理她。一名青年男店员看到了老太太，立刻主动地与她打招呼，很有礼貌地问她有没有需要服务的地方。这位老太太对他说："我什么都不需要，我只是来避雨的。"尽管如此，这名男店员对她也表现得很热情，主动同她聊天。在老太太离开时，这名男店员还把她送到店门外，帮她把伞撑开。这位老太太向这名男店员要了一张名片，就径自走开了。

后来，这名男店员已经完全忘了这件事。有一天，他突然被公

第一章
修心：销售不是打嘴仗，而是拼心理

司总裁召到办公室去，总裁向他出示一封信，是之前那位老太太寄来的。老太太要求这家装饰建材公司派一名销售代表前往苏格兰，代表该公司接下一所豪宅的装潢业务。

这位老太太就是"钢铁大王"卡内基的母亲，也就是几个月前被这名男店员热情款待的那位老太太。

可想而知的一个结果是：假如这名男店员也和其他人一样，对卡内基的母亲熟视无睹的话，那么他将与这个好机会失之交臂。

一个对客户态度冷冰冰的销售员，会令人怀疑他的内心是否同样冰冷。一个对自己的工作心不在焉、缺乏热情的人，也很难让人相信他会是一个能力出众的人。

武先生从广州飞到杭州去参加一个重要的会议，在飞机上他不小心弄脏了自己的白衬衫。所以下飞机后，武先生决定先去买一件白衬衫换上，这样不至于让人觉得他是一个邋遢的人。在商场的男装部，武先生很快挑选了一件合体的白衬衫，结完账后准备离开。这时，销售员王晶晶叫住了他。

"先生，看您的穿戴，一定是要出席很重要的场合吧？"

"确实是这样！"武先生微笑地回答。

"先生，既然是这样，我觉得您还需要清理一下您的皮鞋，这一定会使您更加神采奕奕的。"王晶晶始终保持着微笑，"我们这儿有免费的擦鞋机，如果您需要，我可以带您过去。"

这对武先生来说真是一个意外的惊喜，而在这之前他从来没有想过,参加这样的会议,自己的鞋子是否应该擦干净。

就是这么一个细心而温暖的细节打动了武先生,以至于他每次都会举这个亲身经历的案例来告诫自己的员工,对待客户要保持态度热情。

实用妙招

那么,销售员怎样才能激发自己的热情呢?

- 对销售的商品充满激情

热情是会传染的,你对自己的商品充满自信和热情,必然能传染给你的客户。换位思考一下,如果你是客户,你会购买连销售员自己都不感兴趣的商品吗?当然不会,因此,销售员一定要对自己销售的商品充满热情。

- 天天保持快乐的心情

只有内心深处真正快乐的人,才能让周围的人也跟着快乐起来,因此你要天天保持快乐的心情。快乐是热情的基础,如果你一直愁眉苦脸,怎么热情得起来呢?用快乐点燃热情,而热情的氛围能让你把话题的侧重点更好地聚焦于客户最感兴趣的地方。如果你做到了这一点,热情的言语就会自然而然地脱口而出。

- 把握尺寸,别过分热情

古人云:"过犹不及。"过分热情往往会让人觉得你虚情假

修心：销售不是打嘴仗，而是拼心理

意，产生戒备心理，无形中就会对你筑起一道心理防线。要攻破这道防线，你一定会大费周折。

关于热情的重要性，无论我们怎么强调都不为过。正所谓"只有划着的火柴才能点燃蜡烛"，如果我们将火柴比喻成热情，把蜡烛看作客户，那么，唯有我们自身充满热情，才会感染冷若冰霜的客户，让这根"蜡烛"燃烧起来。

7. 幽默让你更有吸引力

美国著名保险营销专家弗兰克·贝特洛曾说:"幽默是一种智慧,它能在尴尬的场合缓和气氛、宽慰人心。在客户生气烦闷时,幽默会令他开心一笑;在客户提出不同意见时,幽默能减少他对商品的偏见。一个优秀的销售员就是一个懂得将幽默艺术融入每一次产品推介中的人。"这个经验尤其适合与客户初次见面的销售员。

与客户首次会晤,如果你在见面后立刻漫无目的地说笑话,的确有些唐突,但如果在言穷词拙、沟通不顺的情况下,适当的幽默就会成为一服十分有效的清凉剂,既可以缓解甚至扭转尴尬的局面,又能够让客户对你的印象立刻改观,从而使面谈能够顺利进行下去。

出色的销售员一般都具备幽默感,这往往是给形象加分的关键点。当你与客户交流时,恰到好处地使用幽默来调节气氛,就能让你和客户的关系更加融洽,甚至可以"化险为夷""化敌为友",让你在职场上立于不败的境地。

第一章
修心：销售不是打嘴仗，而是拼心理

为何幽默会有如此大的力量呢？因为在你使用幽默的语言与客户交流时，往往会使客户处于一种放松的状态中。大部分客户喜欢和能使自己快乐的人交朋友，并用一种愉悦的方式将你留在他们的记忆中，为你贴上各种积极的标签。

在东北某城市有一家叫作"泰远"的公司，销售员小石前往该公司向老板赵总推销办公用品。当赵总以"已经有对口销售"为借口，拒绝与小石对话时，小石情急之下说道："我是从郊区来的，路途这么远，您怎么也得听听我的介绍啊……"可惜他的话还没讲完，赵总就面无表情地关上了门。

这种近乎"哀求"的话并不会打动客户的心，只能让客户产生反感，继而对你的商品失去兴趣。而另一名销售员小刘幽默作答，情况就完全不一样了。

赵总说："我们公司的办公用品都是从某家公司买的，暂时没有更换的想法。"小刘答："我到贵公司太远（泰远），如果近的话，多来几回也无妨，但偏偏我住在偏远的郊区……"听了这番话，赵总忍俊不禁，招呼小刘进来，经过沟通后签了一个订单，并许诺以后办公产品都会从小刘的公司购买。

小小的幽默达到了出乎意料的效果。聪慧的销售员小刘灵机一动，通过客户公司名称的谐音抖出一个"包袱"，打动了对方，为自己赢得了成交的机会。

实用妙招

在销售中，幽默是一把双刃剑。用得好能使关系变得更融洽，用不好就会适得其反，造成他人反感。因此，你在使用幽默时必须注意以下几点。

- 建立笑话档案

好记性不如烂笔头。平时拿笔记录下有趣的事，在下次销售沟通时你就会记起它们。

- 事先演练一下

幽默前做"演练"，是一种很安全的办法。试想一下，当你讲出某个笑话时，对方却毫无反应，就会很尴尬。因此，在正式讲笑话之前，你一定要先确认这个笑话是否真的让人感觉有趣，是否能够达到你预期的效果。

- 把握时机

把握好时机，巧妙地运用幽默能让你赢得客户，但不要不合时宜地去讲笑话。

- 讲究分寸

要区分不同客户的身份、地位、性格、性别、阅历和文化素养，选择合适的幽默语言。格调高雅、内容健康的幽默才会给人以启迪和愉悦的精神享受，幽默内容粗俗不堪或有伤大雅，尽管有时也能博人一笑，但过后就会令对方感到乏味无聊，也有损自身形象。

第一章
修心：销售不是打嘴仗，而是拼心理

- 使用多种表达方式

转换：打破常规思维，引导客户适时地逆向思考，使他觉得新奇有趣。

叠加：把很多同类笑话叠加在一起，放大幽默效果。

谐音：利用谐音，把内容理解成另外的意思，制造幽默效果。

藏头：隐藏原因，让客户联想结果，在思考后不禁捧腹大笑，回味悠长。

曲解：故意偷换概念或曲解词语含义，产生意想不到的效果。

夸张：适当的夸张能够令语言醒目，突出重点，让人产生联想。

8. 用嘴不如用心

作为一名销售员,如果无法有效地克制自己,总是不顾及客户的想法,畅所欲言、高谈阔论,往往会导致销售失败。

孙丽买车那天是她的生日,她的丈夫李明说给她买辆车做生日礼物。李明还没有下班时,孙丽就先到4S店看车了。她来到第一家店,店员小周非常热情,滔滔不绝地给她讲解不同车的优点,以及各种优惠活动。她心里很厌烦,因为小周根本不顾及她的想法,根本不给她说话的机会,每当她想说明自己观点的时候,都会被小周的话语打断。

孙丽进入另一家店,店员小吴也同样地热情。但是小吴在跟她打完招呼后,就安静地跟在她的后面,陪着她看各种型号的车。当她说出自己希望了解某种车型时,小吴才开始说话。针对自己喜欢的某一型号的车,孙丽足足说了15分钟自己的观点,在这期间,

第一章
修心：销售不是打嘴仗，而是拼心理

小吴从没有要打断她说话的意图，直到她说完，小吴才告诉她，她的某些观点是不正确的。

孙丽觉得，和第一家店的小周不同的是，小吴很尊重自己，总是按照她的想法来推荐车型。最后，她选中了一辆车，问小吴这辆车当自己的生日礼物如何，小吴立刻送上一束鲜花，并祝她生日快乐。然后小吴真诚地告诉她，这辆车现在缺货，如果想提车，需要加价2000元。孙丽当时想都没想，马上决定加钱买下这辆车。

第二家店的小吴和第一家店的小周对待客户都十分热情，但是小周犯了一个致命的错误：在客户面前，不懂得克制自己，不顾及客户的感受，只顾着发表自己的见解，不给客户说话的机会。这就使客户产生一种不被尊重的感受。店员小吴就比较聪明，自始至终都以客户为中心，让客户尽情地发表自己的意见，给客户倾诉的满足感，然后再总结性地发表自己的观点以达到引导客户的目的。

请记住，你并不是一个销售自己观点和看法的演说家，你的工作是满足客户的需求，最终让客户购买你的产品。就如同一位医生，他的职责就是给病人看病，化解患者的病痛，他只有听了患者详细的病情讲述以后，才能够根据客观事实，做出诊断。

实用妙招

销售员在与客户打交道时，一定要注意以下几点。

- 不要打断客户

人都有一种自我表现的欲望。对客户而言,他们想要通过在销售员面前发表个人见解,从而向销售员证明:别认为我什么都不懂。这时,即使客户的某些观点是错误的,你也千万不要打断他讲话,让他把话说完,然后再用一种委婉的表达方式把正确的情况告诉客户。如果你总是和客户抢话,并很直白地指出他的错误,就会显得你这个人没有素质,不懂得尊重别人,客户自然也就不会买你的产品了。

- 克制表达欲

很多时候,销售并非靠你的口才,而是需要你克制自己的表达欲,把更多说话的机会留给客户,做一个忠实的"捧哏者"。在关键时刻,如果你能够做到让自己闭嘴,你就有极大机会成功地拿到订单。

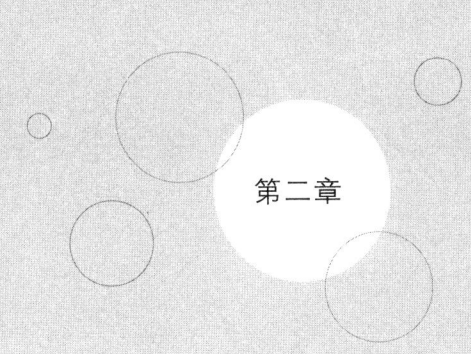

第二章

读心：肢体小动作出卖内心大机密

第二章

读心：肢体小动作出卖内心大机密

1. 察眉：通过"眉语"了解客户心底的秘密

古人将眉毛称为"七情之虹"，就是因为眉毛可以表现出不同的情态。生活中，人们常常用"喜上眉梢""眉飞色舞"这样的成语来形容一个人的心情。可见，眉毛能够反映人的情绪变化。而且，我们还能通过这种变化来猜测人的心理。通过分析对方的"眉语"探察对方内心的想法，这种行为被称为"察眉"。

在销售时，销售员可以通过"察眉"了解客户的心理变化。

刘芳在一次宴会上和一个准客户谈妥了一桩生意。早在去参加宴会之前，她就做好了充分的准备，将所有相关资料牢记于心。等到宴会开始后，她积极主动地和客户沟通，双方进行了一次开心的交流。

酒足饭饱之后，刘芳开始向客户推荐她的产品。她发现，尽管客户嘴上一个劲儿地说"休息时不聊工作"，表面上一副毫不在乎的样子,可当听到她说出的优越条件后,客户的双眉很明显地向上扬了扬,尽管这个表情稍纵即逝。但她知道自己的这次推销有戏。不出所料,宴会结束后,对方果然签了单。

由此可见,会看"眉语",你就能读懂对方的一些心思。如果再加以巧妙利用,你就能够把这些心思转化为商机。

实用妙招

不同的"眉语"显示不同的心理变化,下面是常见的四种"眉语":

- 闪眉

眉毛上扬,又立即回落,像闪电一划而过,同时伴随着扬头的动作和微笑的表情。这样的"眉语"是惊喜的表现,表示对方眼前一亮,对你的到来很欢迎。如果客户有这种表情,那就预示着产品或服务获得了他的认可,成交的概率会大大增加,这个时候,你要趁热打铁,果断出手,促成交易。

- 耸眉

眉毛上扬,稍微停留再回落,同时伴有撇嘴的表情,这种"眉语"表示厌恶和排斥,有时也表示无奈。如果客户出现这种表情,可能表示他以前有过不愉快的经历,或者购买过劣质的同类产品,如果你恰好在销售这类产品,他自然就会产生抗拒心理。耸眉,露出不愉快的表情,并表示不愿意接受,在这种情况下，你要对客户的心理表示理解，并尽快用最有力的承诺去说服客户。

- 皱眉

双眉皱起，额头出现水平皱纹。这种"眉语"表示内心不愉快、不耐烦，或者非常为难。如果客户出现这种表情，则说明他对你说的话或者销售的产品很不喜欢，还透露出不愿意继续听你说下去的信号，有非常强的抗拒心理。在这种情况下，你要及时打住话头，或者改变话题。

- 扬眉

双眉扬起，略向外分开，眉间皮肤伸展，使眉间短而垂直的皱纹拉平，而整个前额的皮肤向上挤紧，形成水平方向的长条皱纹。这个表情表示高兴。如果你销售的产品符合客户的口味，他就会眉开眼笑，眉毛就会扬起，表示内心的欣喜和愉悦。如果客户一条眉毛上扬，另一条眉毛下降，则表示他心中有疑问，对你介绍的商品心存疑虑或者还有不理解的地方，这时，你需要进一步加以说明。

实际上，眉毛变化形式丰富，"眉语"的含义也多种多样，除了以上几种"眉语"，下面还有一些表现在客户脸上的"眉语"：

（1）眉心舒展，表明客户很坦然。

（2）眉毛倒竖，眉角往下拉，表明客户很愤怒。

（3）眉头紧锁，表明客户正在犹豫，拿不定主意。

（4）双眉紧蹙，表示内心很忧愁；愁眉苦脸，表示内心很苦涩。

（5）眉毛放低到一半，表明客户在暗示，对你的介绍感到困惑。

（6）眉毛上下快速移动，表明客户心情很好，认同你的观点。

（7）眉毛抬得很高，表明客户不相信你的话，感觉你在吹嘘。

（8）眉开眼笑、眉飞色舞，表示喜悦或得意。

销售员要善于通过客户的各种"眉语"，来了解其内心的变化，并在此基础上获得谈话的先机。

2. 观目：客户想什么，从眼神中就能找到答案

德国心理学家梅赛因说："眼睛是了解一个人的最好工具。"一个人语言有可能说谎，表情也有可能是虚假的，但眼神很难欺骗人。

孟子在《离娄上》中有一段描述："存乎人者，莫良于眸子。眸子不能掩其恶。胸中正，则眸子了焉；胸中不正，则眸子眊焉。听其言也，观其眸子，人焉廋哉！"这段话的意思是：在观察人的方法中，没有比观察眼睛更好的方法了。眼睛无法掩盖人们内心的丑恶。心地正派，眼睛就会明亮；心有邪念，眼睛就会黯淡无神。听一个人说话时，看着他的眼神，会发现这个人内心的善恶是无法隐藏起来的。

孟子这段通过眼睛看透他人内心的精彩论述，说明了一个人内心的善恶和想法会反映在他的眼睛中。

心之所想，从眼神中就可以找到答案。

保险销售员冯刚来拜访一位客户，是一位女士出来开的门。这位女士见是个陌生人，就没有多说话，只是用充满戒备的眼神看着他。冯刚立刻将自己的名片递上。这位女士看了一眼名片，只是"哦"了一声，说："进来吧！"冯刚感觉到这位女士眼神冷漠，决定要谨慎沟通。

冯刚简单地介绍了自己的业务。女士依然用戒备的眼神看着他，并且态度很冷淡，尽管她没有说什么，但是这让冯刚有些担心。冯刚明白客户对他很警惕，说："我们是一家有信誉的大型企业，在这个小区中，已经有很多客户买了我们的保险。最近，我们公司又推出了新的产品，尤其适合您这种家庭。您可以考虑一下。对了，前几天住您楼下的陈女士也买了一份，您问一下她就知道了。"

听冯刚这样说，女士才慢慢放下戒备。正在这时，这家的小孩放学回来了，冯刚便同孩子玩了一会儿。女士看到他对小孩很亲切，对他的看法有了改变，觉得他是个真诚且负责的人。于是，她看冯刚的眼神也变得友好多了。

冯刚抓住时机，再次对女士进行了说服，最后，女士决定购买他的保险。

在销售中，销售员难免会遇到一些戒备心理很强的客户。优秀的销售员懂得看客户的眼色行事，从客户的眼睛中察觉他们的反应，准确掌握他们的内心情感，从而摸透他们的心理，然后针对性地应对各种状况，获得客户的信任和欣赏，使销售顺利进行。

第二章

读心：肢体小动作出卖内心大机密

实用妙招

通过眼神来判断客户的心思，有助于我们更顺利地开展销售活动。下面就来解读几种不同眼神的含义。

- 斜眼看

当客户的目光变得游移不定，或者斜着眼睛看你，就说明他对你或你的产品产生了兴趣，期待进一步合作。当然，你需要再多试探一下，因为也有可能客户表示的是对你很厌烦或者很警惕。

- 直盯着看

客户在盯着你看时，表示他对你说的话或你的产品有疑虑。如果此时你理解错了客户的意思，销售就很难进行下去。

- 眨眼的频率

当你发现客户眨眼的频率很低，就说明客户对你的产品不感兴趣，如果此时你依然继续讲下去，势必会引起客户的反感。你应该积极地改变策略，转换话题，通过另一种方法去说服客户。当你发现客户的眨眼频率变高了，就表示你的话起到了一定的作用，客户在考虑你的产品，有点动心了。

另外，对眼神的分析还有以下几种：

- 沉静的眼神

如果客户的眼神沉静，说明他对你急于说明的问题早已成竹在胸，你就无须多问，只需静观其变，静听其声就行了。

- 好奇的眼神

这是客户最容易出现的眼神。通常,客户的瞳孔会变大,眼皮抬高,眼睛盯着你或产品看,尤其是所介绍的产品位置高于他们的视线时。客户感到好奇是个好兆头,表明激活他们需求的概率比较高。

- 淡定的眼神

淡定的眼神是指客户的瞳孔保持自然状态,眼皮不动,自然地看着你。如果客户眼神淡定,他的身体也一定保持一个平稳的站姿或坐姿。你无须担心,这类客户大多是修养比较高的人。只要你用语得体,介绍得当,并且激发了他们的购买欲,那么成交就是自然而然的事。

总之,客户的眼神多种多样,常见的眼神就是以上几种。销售员只要仔细观察,灵活分析,就能在销售实战中通过观察客户眼神的变化,理解客户心理的变化,从而应对自如。

第二章
读心：肢体小动作出卖内心大机密

3. 看口：嘴角变化泄露客户心中的小九九

嘴是人们表达想法、宣泄情感的主要路径，人与人的沟通离不开嘴。除了可以通过语言传递信息以外，嘴巴本身丰富的动作也能够反映对方的心理状态。一些语言学家认为，说话人的每一个动作都与其心理活动密切相关。因此，销售员在和客户沟通时，不但要听对方说了什么，还要看他们的嘴部有哪些变化，以便从中发现更多的成交机会。

蒋莉莉是一家房地产公司的销售员，曾经遇上过一对很挑剔的夫妇客户。经过一个星期的奔波，蒋莉莉终于为他们找到了合适的房子。居室内的结构、装修和户外的环境、交通，他们都觉得很满意。看完房子以后，女士嘴角后伸，眉开眼笑。蒋莉莉顿时松了一口气，感觉这个单子离成交不远了。

女士说："这房子真不错，真希望现在就住进来。"

蒋莉莉看着这对夫妇，有点为难地说："如果你们没有其他意见，办理好各项手续，房子就归你们所有了。但是，这套房子比你们的预算高出5万元。"

一听到这话，女士脸上的笑容马上就消失了，上扬的嘴角也开始下垂。不过，站在旁边的男士倒是嘴角一扬，半微笑着看着自己的太太。蒋莉莉凭借多年的经验，感觉男士的笑是强装出来的，因为人在假笑的时候，嘴角会生硬地向颧骨处上扬，牙齿露一部分，同时眼睛周围的肌肉会有明显的抽动。显然，这对夫妇对于多出来的5万元有异议。

察觉到这些后，蒋莉莉机智地转移了话题，说道："这边的环境相当好，非常适合居住，我想你们也是经过慎重考虑后才决定来这儿的吧？"

"不瞒你说，我们就是冲着这一点来的。"女士说。

"这就对了，房子你们也看了，环境非常好，居室格局、装修也都很满意，我不能保证这套房子是最适合你们的，但是短时间内你们肯定找不到比它更好的。另外，这里的房价每年还会以2%的速度增长，所以你们现在多花的钱，到时也会随着房价上涨获得弥补的。"蒋莉莉热情地开导着这对夫妇。

说完后，蒋莉莉看到夫妇俩面面相觑，而且嘴巴的动作明显舒缓、自然了很多，感觉他们内心的情绪也有了微妙的变化，她把这套房子购买时可以用到的优惠政策都细细讲了一遍，并给出了一些适合这对夫妇的建议。

听了蒋莉莉的话，夫妇俩商量了一下，同意了她的话。没用多

第二章
读心：肢体小动作出卖内心大机密

长时间，他们就达成了协议，双方在合同上签了字。就这样，夫妇俩按照蒋莉莉的建议，把这套房子买了下来。

蒋莉莉之所以能够把握这次机遇，关键在于她通过观察客户的嘴角动作，掌握了客户的心理变化。女客户嘴角前后两次明显的变化，直观地反映了她心理情绪的起落；男客户尽管使用了"假动作"，但依然流露出对房价的抵触。因此，蒋莉莉巧妙避开房价，转而介绍房子的其他优势，从而给客户了一个有效的心理缓冲。

实用妙招

当然，嘴部动作绝不仅仅是简简单单的上扬和下垂，还有下面几种：

- 抿嘴

抿嘴通常意味着客户正在下决心，而且习惯性抿嘴的人通常比较坚强，有种不达目的誓不罢休的韧劲儿。

- 咬嘴唇

两种情况：第一种是客户对自己的言行感到愧疚，通过咬嘴唇自我惩罚；第二种是客户正在思索对方的话。

- 舔嘴唇

说话舔嘴唇，说明客户正在压抑心中的焦虑或兴奋。

- 嘴角后拉

与客户谈话，如果发现客户嘴角后拉，说明他正在集中注意力听你说话，对你的所言感兴趣。如果嘴角下拉，则说明情况相反。

- 嘴角扁平

当客户焦虑或沮丧的时候，嘴部肌肉就会僵硬，双唇紧闭，呈现扁平形，如果紧张程度越来越大，嘴唇就会渐渐变小。

- "O"形

当客户感到吃惊或兴奋的时候，嘴巴就会向四周张开，看起来像英文字母"O"。

- 倒"U"形

当客户内心忧伤，或者被负面情绪困扰的时候，一般会嘴角下垂，形成倒"U"形。

- 其他

紧闭双唇表示抗议，噘嘴表示不满，嘟嘴表示撒娇，撇嘴表示不屑或无奈。

4. 握手："触摸"客户心灵

自古以来，中华民族就以礼仪之邦著称，传统的见面礼有抱拳、作揖、鞠躬等。随着时代的发展，作为国际化社交礼仪的握手越来越普遍，小到结交朋友、拜访客户，大到国家领导人正式会见，几乎无处不在。

握手的方式有两人之间面对面地"正握"，也有几个人站成一排，左右手交叉着与身旁的人"侧握"，在力度上也有轻有重。实际上，不同的握手方式，或者握手时人们的不同反应，都体现了一个人内心的想法。所以通过握手，就能够"触摸"对方的心灵。销售员在和客户打交道时，也常常会遇到需要握手的情况，这时，如果你积极主动一些、敏感一些，就能从客户那儿提前获取很多信息。

曾经有人就握手的效果做过如下实验：

实验总共有六个测试者，三女三男，互不相识，年龄相仿。男女搭配分成 A、B、C 三组：

A 组蒙着眼睛说话；

B 组没蒙眼睛，但只对视不说话；

C 组蒙着眼睛不说话，只用双手握住对方的手。

结果，A 组测试者感觉旁若无人，而且互相之间的好感度下降；B 组测试者有距离感，好感度也下降；C 组尽管蒙着眼睛，但因为握过手，所以有了温暖的信任感，好感度上升。

这一结果说明了一个道理：人与人之间的握手动作，可以拆掉对方心中的"防火墙"，即使对于初次相见的人，也有同样的效果。

实用妙招

- 手心有汗，说明客户心理紧张

客户可能是资金不足，或者对销售员的虚实还没有摸透，这时客户在谈判的心理上居于劣势，销售员要给客户信心，让他对合作的前景有充分自信。

- 抓住你的手不放，说明客户感情丰富，喜欢结交朋友

无论是在介绍产品还是在提供服务，你只要给这类客户带去实惠、便利，他们定会帮你在自己的朋友圈中广泛传播。总之，一旦你和这类客户建立交情，你们之间的关系还是相当稳固的。

- 用双手握住你的手，并左右轻轻摇动，是热情的表现

此类客户的热情要么是与生俱来的，要么就是合作的欲望

读心：肢体小动作出卖内心大机密

强烈，诚意十足。无论属于哪一类型，你都居于主导地位，因此，只要妥善处理好客户、公司、个人利益即可，灵活性比较高。

- **握手时间短、力度轻的客户，往往态度冷淡，不热情**

拇指向下弯曲，又不把其余四指伸直的客户，说明他不太喜欢让别人握自己的手，或者借此表示一种轻视的态度。同这类客户相处，你要善于运用肢体语言或面部表情来让他感受到你的力量。

- **握手时力度适中、目光直视的客户，往往思维缜密、性格刚毅**

此类客户擅长推理，而且责任感强，所以常常主动为他人提供一些建设性的意见。你与这种客户打交道，需要更认真、更细心，做更充分的准备。

- **用力握手潜藏着客户的自信**

客户握手越用力，就越能给对方留下深刻的印象，同时也说明他想占据主导地位。此类客户往往自信心非常强，而且在谈吐方面能够让人感受到其从容的组织力和天生的领导力。此类客户一般都是组织、团队中的核心人物，也是销售员重点说服的对象。你最好表现出和这类客户平等的姿态，大方、从容，否则他们根本不会重视你说的话。

5. 从手的动作读懂客户的心思

人的手部动作有很多，只要平常多观察、多揣摩，就能摸透客户的心思，并发现很多问题和机会。看清客户的手部动作，获得其内心的秘密，找到一些交易突破口，合作就是水到渠成的事情了。

沈巍巍是一名汽车零件销售员。一次，他去拜访一位汽车销售公司的总经理。对方工作非常繁忙，沈巍巍等了整整一下午，好不容易对方才抽了个空见他。寒暄过后，沈巍巍开始介绍产品，总经理时不时地也会提出一些相关问题。很快，沈巍巍将产品的性能、优点等统统介绍了一遍。

总经理点了点头，不耐烦地用手指敲了几下桌子。

沈巍巍并没有注意到这个细节，还建议总经理先预订部分产品。总经理想了想，对沈巍巍说："你们的产品听起来的确很不错，你的建议我也会认真考虑。你先回去，回头我再联系你。"

第二章
读心：肢体小动作出卖内心大机密

沈巍巍很高兴地和总经理道别之后回到了公司。可是等来等去，沈巍巍一直没有接到对方的电话。原来，之前对方的一个小动作——用手指敲桌子，真实地反映出了他的心理，可是沈巍巍没有注意到。

从这个例子我们能知道，客户的一些手部动作会暴露出他们的想法，销售员应该善于捕捉客户手部流露出来的蛛丝马迹，从而准确地洞察和把握客户心理。

上面例子中的沈巍巍就是忽略了客户敲桌子的动作，误认为客户会购买自己的商品。

因此，销售员在和客户交流时，要多注意观察对方手部的小动作，比如捂嘴巴、摸耳朵、摸鼻子、拉衣领等。问题是，这些动作究竟表明了客户怎样的心理呢？

实用妙招

- 捂嘴巴

在沟通交流时，如果客户下意识地捂嘴，很大可能是他要说谎了。此时，你不妨直接问："有什么问题吗？"或者问："您觉得有什么不妥当的地方吗？"或者直接说："我们可以交换一下意见，看看问题出在哪儿。"这样，客户大多会把自己的想法说出来，你也才能进一步了解客户的心理，真正从客户的角度化解问题。

- 摸耳朵

客户用手摸耳朵，说明他心存疑惑，对你的产品还不放心，或者没有太大的兴趣。这时候你如果不识相，拿出协议让对方签，他会毫不犹豫地拒绝你。此时，当务之急是重新激发客户的兴趣。如果你没有办法，那么就意味着你这次推销彻底失败了。

- 摸鼻子

研究发现，人在撒谎时，会释放儿茶酚胺，这种化学物质能使鼻腔内部细胞肿胀。同时，科学家还使用了一种特殊成像仪器进行观察，这种仪器可以显示人身体内部的血液流量。通过观察发现，人们在撒谎时，鼻子会因为血液流量上升而增大，血压增高导致鼻子膨胀，从而导致鼻腔的神经末梢传送出刺痒的感觉，于是人们只能频繁地用手摩擦鼻子，以舒缓发痒的症状。科学家们将这种现象命名为"皮诺基奥效应"。因此，你在与客户交流时，如果发现客户有频繁摸鼻子的动作，那就说明他在撒谎。

- 揉眼睛

客户揉眼睛，表示他对你的谈话内容不感兴趣。如果你在与客户交谈时发现客户时不时有揉眼睛的动作，你就要立即转换话题，因为客户已经不耐烦了。如果这时你还是说个没完，显然不会有好的结果。

- 抓脖子或拽衣领

当客户对你的产品或服务并不完全信任时，往往会抓一下脖子或者拽一下衣领，此时你要适时了解客户内心的顾虑和疑惑。或许客户对你的产品还没有真正感兴趣，尽管对方一直同意你的观点。因此，如果见到客户有上述举动，你就要进行及时的沟通、补救。

- 把手放在嘴唇之间

如果你发现客户把手放在嘴唇之间，说明他对产品还不是很信赖，即使客户这时有合作意向，你也必须及时给予他保证和承诺，打消他心中的不安和疑虑，才能进一步促成合作。

6. 膝盖做出的动作，比面部表情更可信

英国心理学家莫里斯经过研究发现了一个很有趣的现象：在人体中，距离大脑越远的部位，肢体动作透露出的信息越真实、越准确。离大脑越近的部位，受大脑的有意识控制会越明显，比如脸部动作，人能够即兴表演出喜、怒、哀、乐等多种表情。手处在中间位置，人或多或少会通过手来撒谎。这也就意味着，人的腿和膝盖做出的动作，比面部表情更可信，也更能反映人的真实心理。实际上，如果你认真观察一个人的膝盖，就能够发现其中的很多意想不到的秘密。

韩小华是一名销售员，杨总是他的一位客户，两人认识很长时间了，关系还算比较密切。有一次，因为公司推出了新产品，韩小华便打算带几个样品到杨总公司，让对方看看。当天，按照约定的时间，韩小华准时出发，半路上才发现资料中少了一份非常重要的

第二章

读心：肢体小动作出卖内心大机密

文件。虽然离杨总公司还有不到20分钟的路程，但韩小华觉得自己和杨总关系不错，就给杨总打了个电话说要迟到一会儿，返回去取了文件。

然而，就在韩小华到达杨总办公室前10分钟，杨总接到学校老师打来的电话，说他的孩子在操场打球时胳膊摔伤了，正在医院检查。杨总的太太正在出差，所以只能他去处理。但是，为了不让韩小华白来一趟，杨总决定简单看一下他带来的材料。刚看了一会儿，杨总就发现了一些他非常感兴趣的新设计，他明白这些不是一时半会儿能解释清楚的。一想到要把这些资料搞清楚还要花费较多的时间，杨总心里就有点着急了，情不自禁地将一只手摁在膝盖上，而且一只脚在前，一只脚在后，就像起跑的姿势。

韩小华本来打算给杨总详细介绍一下新产品，但看到杨总用手按膝的动作，猜测出了他或许有着急的事情要处理。此外，韩小华看到桌上收拾好的公文包及杨总穿在身上的外套，更加坚定了他有急事的猜测。于是，韩小华微笑着说道："杨总，今天很抱歉，让您多等了我将近一个小时。我看您好像有什么事情要办，要不您先去办事，这些样品和资料先留在您这儿，您回来再看，有什么不清楚的我再给您讲解，怎么样？"

杨总听韩小华这么说，就把自己孩子的情况大概说了一下。韩小华听后，赶紧道歉。杨总也放下资料，站起来说道："感谢你的理解，今天让你白跑了一趟，改天我请你喝酒。"

上面的案例中，销售员韩小华因为看到客户杨总用手摁住膝盖的动作，并通过这一动作解读出了客户的心理状态，进而及时中断推销。这样做，既照顾了客户着急的心情，也能够送客户一个人情，让客户对你有一个更好的印象。如果销售员没有揣摩出客户的心情，或者即使看出来了，也急于求成，想赶紧再多说几句，定会引起客户反感。

实用妙招

- 客户双手摁膝盖，要及时结束谈话

双手摁膝的动作，上面已经做了较为详细的说明，这类动作的寓意很明确，表示客户想结束谈话，或者想要离开。对销售员而言，这时最聪明的做法就是中断谈话，去了解客户的真实处境，必要的时候，送对方一个顺水人情。有时，以退为进比"强扭的瓜"效果更好。

- 双手交叉放在膝盖上，表明客户持观望态度

通常情况下，在洽谈时，如果客户还未做出最后决定，往往会把双手交叉放在膝盖上。这是一种代表中立的姿势，也可以理解为客户正处于一种观望的态度。遇到客户有这类动作，销售员要集中注意力，把握重点，把话说到客户的心里去，直到他同意签单。

- 十指交叉放在膝盖上，表明客户感到无聊

在和客户交谈时，如果客户先后将头和身体转开，并将十指交叉放在膝盖上，说明他感觉很无聊。这时，销售员最好中止有关业务方面的沟通，尝试着换个能够拉近彼此距离的话题。

7. "脚语"说出真心话

根据前面的内容,双脚离大脑最远,因此被大脑控制的程度最低。很多人都会有意识地控制自己的面部表情和头部姿势,却很容易忽略双脚的动作,也很少有人会有意识地掩饰或者伪装双脚的动作。因此,"脚语"有时更接近客户的潜意识,所流露出的信息也更客观,更值得信任。所以,想了解客户的真实想法,观察他双脚的姿势和动作就是一个绝好的突破口。

当人们用不同的词汇来描述客户的脚部动作时,实际上也是在描述客户的情绪或心态,比如轻、重、缓、急、稳等,反映了客户轻松、稳定、忧虑、焦急等不同的心理状态。

朱小明是一家培训公司的部门主管。有一次,公司有一位很重要的客户需要他去洽谈。

一见到客户秦总,朱小明就非常热情地与秦总握手,给秦总留下了良好的第一印象。

双方坐定后,朱小明将公司的资料与自己的名片一并递给秦总,并详细讲解公司的业务流程。秦总一边看资料,一边乐呵呵地说:"早就耳闻贵公司管理制度很完善,今天听你这么一讲,果然名不虚传。"

朱小明听秦总这么说,心中自然乐开了花,也笑着说道:"是啊!我也早就听说秦总您了,今天能跟您面对面地沟通,我也十分荣幸啊!既然如此,秦总那您看我们的协议……"

秦总摆了摆手说:"不着急!我们先喝喝茶,聊聊天。"

秦总这句话让朱小明摸不着头脑,他不知道秦总心里到底是怎么想的:"是不想让我尴尬,让我知难而退?还是他小心谨慎,希望了解得详细一些?"就在朱小明百思不得其解时,他突然发现坐在椅子上的秦总脚尖跷起。这让他心中窃喜,他知道对方心里也渴望签协议,但还存在一些疑虑,需要更有力的证明。

因此,朱小明笑着说道:"是的,这种合作机会挺难得的。我们得好好聊聊。"在聊天的过程中,朱小明发现秦总的话题总是离不开他们公司的情况,比如公司去年收入多少、现在的人员状况等,朱小明知道这些就是秦总产生疑虑的原因,于是他针对这些问题都一一详细作答。

最后,秦总拍着朱小明的肩膀说道:"我们聊得很愉快,现在看看协议吧!"随后,秦总在合同上签上了自己的名字。

案例中的朱小明正是由于发现了秦总脚尖跷起这一动作,从而读懂了对方还有所顾忌的心理。他巧妙地抓住了客户的这一心理,

第二章
读心：肢体小动作出卖内心大机密

最后成功达成合作。如果他当时忽视了客户脚尖踮起这一动作，也许过程不会这么顺利。

双脚是不用语言进行沟通的神奇通道。脚部的秘语在很大程度上表露出人们的性格特征、对谈话对象的看法、自己的情绪和心理状态等。很多人明白面部表情和手势会透露信息，却未发觉自己的双脚动作也会"说出真心话"。

实用妙招

以下几种常见姿势可以帮助你快速判断客户的态度。

- 把脚放在桌子上

客户把脚放到桌子上很少见到，是一种非常傲慢的表现，但你不要因此而打退堂鼓。面对这种客户，具体有两种应对策略：一是以柔克刚，根据实际情况，以礼相待；二是在向客户介绍产品时，除了遵守必要的礼仪以外，还要表现出足够的勇气，沉着冷静地应对，必要的时候，可以用同理心向对方提出要求，从而让他对你另眼相看。

- 双脚不停抖动或用脚敲打地面

通常情况下，当客户在反复衡量，对是否购买犹豫不决时，会用双脚抖动或敲打地面的方式来缓解自己的紧张感。另外，如果你正滔滔不绝，客户却很想结束谈话，只是不好意思直接拒绝时，也会通过这种方式表达出来。对此，你需要尽快提出要求，要么成交，要么下次再聊，总之不能让客户不耐烦。

- 一只脚的脚踝搭在另一条腿的膝盖上

在与客户洽谈业务时，客户一只脚的脚踝搭在另一条腿的膝盖上，表明他这时正抱着不服输或争强好胜的态度。你的推销或者解说还没打动他，你需要加强"攻势"，激发客户的兴趣。

- 脚尖从对向销售员改为对向门

心理学家认为，脚转动的方向，特别是脚尖转动的方向，是表明人是否想要离开的最好信号。在与客户交流时，如果你发现客户的脚尖已经不再对着自己，而是向其他方向转动，或者对着门口的方向，这往往意味着他想要离开了，你就应该识趣地意识到这其中可能出了什么问题，不要再继续"麻烦"他了。

- 脚尖跷起

双方面谈时，如果客户坐在椅子上，上身前倾，脚尖跷起，说明他合作的意愿非常强烈。这时，销售员只要和客户积极协商，进展就会很顺利。

- 双脚交叉

双脚交叉是一种防御性的姿势，如果你面对的是一对夫妇，可以试着通过观察这一动作，判断是谁当家。一般情况下，当家的人才能做出这一动作，或者最先做出这一动作。

第二章
读心：肢体小动作出卖内心大机密

8. 通过吃相来判断客户喜好

民以食为天，对每一个人而言，吃都是一件很重要的事情，它是人类生存下去的根本。而且，我们还能够通过吃来判断一个人的性格。销售员很多时候会和客户一起吃饭，如果销售员够机敏，在客户享用美味食物的时候，能通过客户对美食的喜好和吃相来判断出他的性格，进而把话说到他的心里去，使沟通朝预期的方向进行，那么销售员很有可能最终可以与客户顺利达成合作。

许晓亮是某保险公司的一名销售员，在同事们都在感叹卖出一份保险比登天还要难的时候，许晓亮已经成功卖出了20份保险，并且每份都是大单，让同事们艳羡不已。于是他们追问许晓亮成功的秘诀是什么，他的回答很简单："吃。"看着同事们疑惑不解的样子，许晓亮讲了自己的一次经历。

有一次，他和客户何总一起用餐，发现何总吃饭时细嚼慢咽，斯斯文文，于是他断定何总的性格是诚实而稳重的，不喜欢招摇和浮夸。依据这一点，许晓亮确定了一套针对何总的销售方法。

首先，在言谈举止上，许晓亮尽量做到优雅得体，他坚信这样会给何总留下一个比较好的印象，对后面的沟通也会起到积极的作用。然后，和何总正式谈论保险的时候，他尽量用客观的数字和事实来做进一步的说明，语气也非常诚恳，他相信这种做法一定会让何总觉得满意。

果然，饭后何总对许晓亮说："你跟其他销售员不同，他们总是把自己的业务说得天花乱坠，令人生厌，而你却很真诚，我决定购买一份保险。"

同事们听完后都惊叹："想不到'吃'里面还真是有大学问！"

能从"吃"中洞察出客户的性格，是一名优秀的销售员应当具备的能力。你要用心观察，善于发现，才能准确了解客户真实的想法。

俗话说，人分南北，食分五味。在美食的选择上，不同的人有不同的喜好。销售员也可以从食物的喜好上来判断客户的性格。

实用妙招

- 狼吞虎咽

这种客户往往性子很急，行事风风火火，但考虑问题不全面。和这种客户打交道时，销售员既要对客户的急切心理表示理解，又要按部就班，尽力给客户提供满意的服务。

读心：肢体小动作出卖内心大机密

- 细嚼慢咽

这种类型的客户一般都有较好的涵养。他们通常性格沉稳，待人真诚，做事有理有据，但缺乏冒险精神。和这种客户打交道时，销售员要表现出自己良好的修养，并且尽量多提供一些客观准确的数据，这样比较容易赢得他们的信任。

- 吃得多却骨瘦如柴

这种类型的客户一般很小气，希望能用最少的钱买到最好的商品。和这种客户打交道时，销售员一定要坚守底线，能卖则卖，实在不行就放弃，不能无条件地一再退让。

- 爱吃油炸食品

这种类型的客户一般很热情，喜欢冒险，总想干一番事业，但一遭遇挫折就会失去信心。与这种客户打交道，你可以向他们推销新产品或新服务，他们会很乐意接受。

- 爱吃面食

这种类型的客户心直口快，开朗热情。但情绪不是很稳定，容易冲动，做事不考虑后果，遇到挫败容易灰心丧气。和这种客户打交道，要牢牢抓住他们心无城府这一性格特点，搞明白其购买底线。

总之，销售员要好好利用"吃"这个突破口，以便能精准地把握客户性格，为成功销售打好基础。

9. 酒不但能暴露性格，还能暴露偏好

在社交场合，酒是必不可少的。酒在销售中能够起到催化剂的作用，它不但能营造出良好的交流氛围，加深客户与你之间的感情联结，更重要的是能帮你精准地抓住客户的性格特点，进而取得销售的成功。

不同的客户对酒有不同的喜好，这不但是个人的偏好，还能展现出人的不同性格。作为销售员，要能够通过酒杯看出客户性格，从而制订针对性的销售策略，这在一定程度上能增加你成功的概率。

通过细致的观察我们发现，客户的性格和酒的种类有着某种特殊的联系。注意客户举杯时的姿势、对酒类的选择及饮酒的风格，你就能看出客户的性格特点，进而对客户做出积极正确的引导。

吕清扬是某房地产公司的一名销售员，一次，他约客户张总到餐厅谈生意，当他问张总要喝点什么时，张总说："我只喝红酒，

第二章
读心：肢体小动作出卖内心大机密

其他酒我从来不喝。"张总的话让吕清扬想起前几天和朋友聊天时，朋友说爱喝红酒的人通常都行为高雅，能力很强。

于是，吕清扬向张总推荐了一套风格很典雅的房子，并且重点向张总介绍了这套房子的独特的设计、高雅的品位和优美的环境，这样一套房子尽管有点贵，但绝对物有所值，和张总的身份很相配。听完他的介绍，张总很开心地对他说："只要房子质量好，价钱高低是次要的。"在吕清扬带张总实地看完房子之后，这单生意顺利成交了。

在这个案例中，吕清扬就是通过观察客户对酒类的喜好，初步判断出客户的性格特点，从而确定了正确的销售方案。吕清扬成功地从酒上找到了突破口，掌握了主动权，使销售始终朝着自己的期望发展，并进一步加快了销售的达成。

实用妙招

那么，客户的性格和酒之间到底有什么样的联系呢？

- 喜欢红酒的客户

这种类型的客户，有一种高雅的气质，他们喜欢的并不是红酒本身，而是红酒所代表的身份象征。他们十分注重地位，一般经济实力比较雄厚。与这种客户打交道，你一定要尽力展示自己良好的修养和高雅的品位，对待事物要有独到的见解，这样很容易赢得客户的好感和信任。这种类型的客户通常对价格都不是很在意，但十分注重产品的品质，因此你在向客户推荐产品时，一定要确保产品拥有一流的品质。

- 喜欢啤酒的客户

这类客户通常性格比较随和，喜欢帮助他人，自己遇事却常常没有主见，不知道该如何处理。与这种客户打交道时，你要学会主动帮他们拿主意。

- 喜欢白酒的客户

（1）选择高度数白酒的客户。这类客户通常有比较强的个性，无论什么事情都想自己做主。他们一般不关心小事，很容易向他人吐露自己的心声，爱反抗权威，热衷于挑战和冒险。与这种客户打交道时，你一定要多多征求他们的意见，让对方感觉到自己是被尊重的，这样很容易赢得他们的好感。

（2）选择低度数白酒的客户。这类客户一般思想保守，人际关系处得很融洽。他们心态积极乐观，但有时心肠太软，即使是面对曾经伤害过自己的人的求助，他们也会摒弃前嫌，鼎力相助。他们很善于营造融洽的交流氛围，所以很受人们欢迎。与这种客户打交道时，你要尽量表现得谦卑、温和。

在客户的酒杯中，隐藏着他们的性格，销售员要及时发现并抓住这些重要的信息，采取针对性的策略，促进销售。

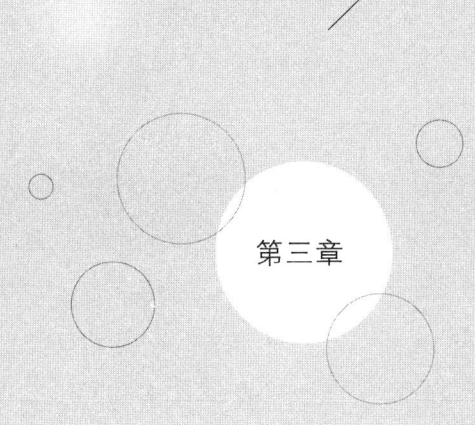

第三章

听心：80% 的成交要靠耳朵完成

第三章
听心：80% 的成交要靠耳朵完成

1. 不善言辞的人为何能成为销售高手

我们有时会有这样的疑惑——为何那些能说会道的人的销售业绩并不见得就很好，反而有些不善言辞的人却能做出不凡的业绩呢？其秘密在哪里？

做橡胶产品的孔总跟一位客户谈了一笔 200 多万元的生意，但大半年了还没有落实。一天，孔总跟助理小曹说："你去跟那位客户华总谈谈，必须把单子签下来！"小曹什么也没说就走了。

第二天小曹上班，直接把合作协议放在了孔总的办公桌上。孔总简直不敢相信自己的眼睛，这个小曹什么时候这么厉害了，自己都搞不定的事，她竟然这么快就办好了！原来，小曹去客户那儿坐了一下午，就听客户天南地北地侃，后来客户说得开心了，就签了协议。

在和同事们聊天的时候，有个老销售员严风问小曹："你是怎么做到的？你也没接受过销售培训，经验不是很多啊。"小曹笑着说："就两个字——倾听。"

倾听除了能让我们获得想要的信息之外，还能让我们明白客户的意图，从而制订精准的营销策略。

几乎每个人都有过这样的感受：在和周围的人交流时，如果你不管别人，一直不停地讲，最后你会发现，尽管自己讲得很爽，对方却多少会有失落感。他们虽然表面附和你，内心却很厌烦。

这是为什么呢？因为没有人喜欢一直喋喋不休的人，除非你是见多识广的口才大师。作为一名销售员，你最好的策略就是让客户多谈论他自己的需求，这样达成合作的概率才能更高。

让客户多说，我们洗耳恭听，其实是在给客户一个获得心理认可的机会。他们越是口若悬河，你才越有成功销售的机会。因为他们想通过这样的行为，获得一种心理上的满足感。

索取之后，必然就是给予。这是心理学上的礼尚往来效应。别人从你身上获得了认可，心理上就会无意识地觉得应该为你做点什么。

实用妙招

具体而言，在倾听的过程中，我们应该把握以下要点：

- 专心倾听

在倾听时，你要专心致志，认真聆听客户的每一句话，才

第三章
听心：80%的成交要靠耳朵完成

有机会发现销售契机。反之，如果在倾听客户说话时心不在焉，你就很容易漏掉客户透露出的重要信息，进而错失销售良机。

- 耐心倾听

无论客户表达的观点是否与你的一致，说的话是否正确，你都要坚持让客户表达完他的意思，千万不要打断客户的话。因为耐心地倾听是尊重客户的一种表现，可以让你与客户之间的关系变得更紧密。你也千万不要露出不耐烦的表情或者做出与沟通无关的动作。你不要急于下结论，要弄清楚客户的真实意图，接受并关心客户，不必介意客户说话和动作的特点，谈话的内容才是你关注的重点。

- 倾听客户需求

真正用心倾听客户表达，不但要注意到客户现实的要求，还要分析、判断客户潜在的需要和期望。对于后者，客户不会直白地提出来，因此在倾听中你要对客户的谈话进行分析，以确定客户的期望，这样你的产品或服务就可以有针对性地满足他们的需要。

- 掌握客户的满意度

在倾听时，你接收到的各种信息，都可以综合起来进行归纳、分析，形成系统科学的客户数据。通过对数据进行研究，判断客户的满意度。这对公司长期和短期的销售都有着巨大的潜在影响。

2. 听懂客户的弦外之音

语言的魅力是巨大的,同样一句话可以有很多种意思。比如,在销售时,客户说:"你们家的产品没有××的质量好。"客户真正的意思可能是:"这种质量,价格上应该多给点优惠。"

客户的这些言外之意,销售员必须准确把握,只有听出那些被掩盖的真实想法,才能掌握客户的需求点,合理应对。

某服装精品店来了一位顾客,导购员小史立刻上前介绍:"女士您好,这是刚上的新款,您看喜欢吗?"顾客把看中的蓝色外套试穿了很久,看上去很满意。

在询问价格后,顾客露出了犹豫的神情。小史小心地询问:"女士,由于是新款,所以价格会稍微高一些。不知道您是否能接受?"

顾客沉默了一会儿,说:"价格不是主要的问题,首先这个颜色我不太喜欢,现在穿蓝色衣服的人太多了。"小史见顾客对价格

第三章
听心：80%的成交要靠耳朵完成

不在意，松了一口气，连忙拿出了其他颜色的同款外套，问道："女士，这里还有其他的颜色，您试一试吧！"

顾客试了几件，都表示不喜欢。

此时，小史仍然没看出顾客真正在意的并不是衣服的颜色，反而继续问道："女士您是想要什么颜色的呢？我再帮您找找。"

顾客摆摆手："没有我喜欢的颜色，我还是去别处看看吧。"说完转身就走了。

案例中的小史并没有听出顾客的言外之意——顾客声称对颜色不满意，其实是价格超出了预期。而小史如此直白的询问方式，只会让顾客感到尴尬，更难开口，只能以颜色不喜欢为借口离开。如果小史能在顾客的言语中听出其对价格的顾虑，顺势给对方一些优惠，很可能就成交了。

在销售工作中，销售员应该用心领悟客户话语的言外之意。比如，常常有客户说"我很忙""太贵了""我和家人商量一下"等，面对这些说辞，有些销售员会直接放弃，认为客户真的是嫌贵或者很忙，这些错误的判断会让销售员损失很多客户。

那么，销售员怎样辨别客户到底是"没兴趣"，还是真的"赶时间"呢？

在销售时，如果客户说"我很忙，没时间"，这时销售员不要轻易放弃推销，而是要结合语境进行分析。

一是真的忙。客户通常会语速加快，总是看手表、手机等，或者这是接完电话以后说出的话，那么基本上可以判断出客户的确赶时间。此时，销售员就应该停止推销活动，直截了当地询问客户是否购买，不要浪费客户的时间。

二是没兴趣。客户如果出现语速很慢，或者既不赞同也不提任何要求，这种情况下客户说"没时间"，多半是对产品没兴趣。这时销售员要转变销售方式，多用"如果您不喜欢，我可以为您介绍别的款式"或"我想了解一下您对产品的具体要求，以便给您推荐合适的产品，也避免耽搁您的时间"等，利用这些试探性的语言，重新唤起客户的注意力。

当客户提出价格上的意见时，销售员通常都无从下手，那些说"价格太贵了"的客户，部分人可能的确没有购买能力，但也存在一部分客户是为了获取优惠。这就需要销售员合理分析。

一是的确没有购买力。这类客户的表达直截了当，即使销售员给予一定的折扣，客户也不会动心。对于超出购买力的产品，即使客户十分喜欢，一般也不会选择购买。面对这种情况，销售员就需要给客户推荐符合其购买力的产品。

二是想获取优惠。这类客户往往在说出"价格太贵了"以后，还会说"××品牌的质量就比你家的好"等，客户说这类比较性的话语只是为了获得一些优惠。这时，销售员就要适当地给予一些优惠，满足客户"占便宜"的心理，最终让对方愉快地购买。

实用妙招

那么，在实际销售时，销售员怎样才能听出客户的言外之意呢？

- 注意词语的使用

一般情况下，销售员很难猜测出客户的所有意图，但只要记住几个关键词，就能够大致了解客户的内心想法。例如，当客户说"其实""只是"等词语时，我们就需要将分析核心放在"其实""只是"后面的内容上，因为客户的大部分意图都在这种转折性语言之后。

例如：

（1）"价格还可以，其实我是觉得质量有些差。"

这时销售员千万别妄想给客户介绍质量更好、价格更贵的商品，客户的后缀只是为了补充前一句的想法，本意是觉得"质量不太好，价格能否便宜点"。

（2）"产品我很满意，只是今天不打算买。"

这句话的真实意图就在于后半句。客户的本意是"这个产品我根本不喜欢"。那么，销售员要反省，自己对产品的性能是不是没有介绍完整，或者所推荐的产品不符合客户的"口味"。销售员只有找出这些可能存在的问题或原因，及时采取措施，才能够有效应对。

- 注意语气的变化

客户在选购产品时，往往会在一开始表现得很喜欢，但在销售的过程中，会突然表现出一些不满，这就是客户情绪的转折点。对于这种情况，销售员需要把握客户的语气变化。

比如，客户在询问价格时，语气突然变快或减缓，即使客户没有明确表示对价格有异议，销售员也要注意这方面的细节，因为客户已经通过语气的转变表明了自己的言外之意。

此时，销售员需要做的就是找出客户语气变化的原因，找出客户没有被满足的需求，给予客户一定的让步和优惠，让客户感受到好处。

总而言之，想要完全听出客户的言外之意，需要销售员集中精力，细致观察和倾听客户的言辞，注意客户在语气上的微妙变化和情绪起伏。同时，在客户表达的关键字词上，销售员更要提高注意力，学会灵活运用语言，探得客户的言外之意。唯有这样，才能寻找到客户对产品或服务的疑虑，实施有效措施，达成合作。

第三章
听心：80％的成交要靠耳朵完成

3. 语言中暗含的成交信号

在销售时，客户的语言中会透露出最直接的成交信号，你要准确把握。客户在打算购买商品之前，多多少少都有一些语言暗示，比如"这个产品质量如何""真的适合我吗""有没有副作用"，这些都算是成交信号。

优秀的销售员不仅懂得怎样识别客户的购买信号，而且知道怎样利用这些信号促使交易达成。当客户咨询与产品相关的问题并主动与你讨论时，说明他存在购买意向。而当客户询问售后服务等方面的情况时，就是达成合作的最好时机。作为一名销售员，你一定要牢牢记住这句话：客户提出的问题越多，成交的概率就越大。

李向明："罗总，您好，我是时代教育公司的李向明。您还记得我吧？"

罗总："哦，李向明啊。"

李向明:"上次和您说的那个管理培训的事,您考虑得差不多了吧?"

罗总:"嗯,我前两天看了你发来的培训资料,课程不错,就是价格能不能再优惠一些啊?"(购买信号)

李向明:"这已经是公司的最低价了,真不能再降了,实在不好意思。"

罗总:"嗯……当前有多少人报名了?"(购买信号)

李向明:"已经有很多人报名了,大约300人,多数都是像您这样的大企业家,有××公司……您打算派几个人参加呢?"

罗总想了一会儿,说:"五六个吧。"

李向明:"那行,我就先给您留六个名额,您看行吗?"

罗总:"还是五个吧。"

李向明:"可以,罗总您看,培训马上就要开始了,我需要提前协调安排一些事情,您什么时候可以把人员名单发给我?"(抓住成交信号,进行发挥)

罗总:"我今天下午就让小马发给你。"

李向明:"好的,谢谢您,那我开始准备了,您有什么事再联系我吧。"

罗总:"行,谢谢你!"

李向明:"好,罗总,再见!"

从上面的案例中可以看出,销售员李向明从客户罗总的谈话中掌握了他的想法,并很好地把握住了这个成交时机。

第三章
听心：80%的成交要靠耳朵完成

大多数情况下，客户在决定购买时，一般会提出这样一些问题：商品的储存、保管、清洁、保养与使用时需要注意的事项等；当讨价还价时，会问是否能够再降点价；对商品的一些小问题，如包装、规格、颜色等提出具体的修改意见与要求。如果客户的语言由提出问题、异议等转为谈论以上内容，你就可以认为客户是在发出成交信号。

此外，客户放弃很多同类款式，只对其中的一件详细询问，反复查看；反复关心商品的某一缺点或优点，再三询问早已了解的问题；再三询问同伴对商品的看法，这些也都是客户发出成交信号时经常会有的表现。

实用妙招

一般情况下，客户的成交信号往往表现为以下几点：

- 问到售后服务

购买以后商品出问题怎么办是客户最关心的事情。所以在销售过程中，当客户问到售后服务时，表明他已经打算购买这个产品或服务了。

- 问到付款方式

如果客户问到付款方式，说明他对产品已经动心了，到了这一步，稍一促进便会水到渠成。

- 问到手续办理事项

当客户问："那我下一步该怎么办？"可以将此视作要成交

的好时机。

- 保持沉默

这里说的沉默是指你介绍完产品以后的沉默。例如，你说："女士，您觉得怎么样呢？"

客户说："还好，不过……"

客户问了很多问题后突然沉默了，可视作要成交的好时机。

- 自言自语进行计算

你给客户做完介绍，并告知价格以后，她开始说："98元钱40天，相当于一年多少钱？"一旦客户开始类似的计算，可视作要成交的好时机。

- 主动询问价格

只有对产品感兴趣，客户才能询问价格，因此，如果客户主动问到价格，可视作要成交的好时机。

- 同一个问题，问两次以上

客户说："多少钱？"

你说："98元。"

过了一会儿，客户又问："到底是不是98元？"

这就说明他对产品真的很感兴趣，只不过对这个价格不太确定而已。

4. 叫好的是看客，挑剔的才是买主

推销大王乔·吉拉德说过："客户拒绝我们并不可怕，可怕的是客户不对我们的产品发表任何看法。因此，我非常愿意倾听潜在客户对我的产品挑毛病。只要他们开口说话，那么就有机会成交。"这也就是说，"嫌货才是买货人"。

无论是在菜市场里，还是在商场中的高档服装店内，总有一些客户对面前的商品挑三拣四，一会儿嫌价格贵，一会儿又觉得质量不好。但是，最终和商家达成合作的人中，这类客户还是占了大多数。很少有商家由于客户的嫌弃而动怒，因为他们清楚地知道，这些"嫌货"的才是最后买主。

实际上，客户在对产品挑毛病时，是对产品真正感兴趣的开始。客户的这种明明有感觉，嘴上却嫌弃的言行，被称为挑剔心理。其实，客户并非是故意找碴，而是想通过这种方式获得更优惠的价格或更好的服务。此时，销售员多些耐心，多点笑脸，就有极

大可能轻松做成买卖。

邓先生想卖掉自己的一辆旧奥迪汽车。当他将这个消息在网络平台发布后，很多人想来看车。有一天，买家袁先生又一次来到邓先生的车库。他在一周前就来过一次，当时他表示并不喜欢这辆车，说车型太老、车身漆色无光，又说后备箱空间狭窄、轮胎严重磨损等。总之，在他看来，这就是辆一文不值的旧车。

没想到他今天又来了。

袁先生一进门就大声说道："你这辆车这么旧，应该是卖不出去了。你还是卖给我算了！"

邓先生听了很生气，不过，他仍然笑脸相迎，说："我的车确实是用的时间长了一些，但是，距离报废还有6年，这6年可以给你节省3万元了。"

袁先生说："如果你的车再新一点，或许我能够考虑你的报价，但是，现在看来，它根本就不值3万元。如果我接受了你的价位，我一定会被朋友取笑的。"

邓先生笑着说："我相信你的朋友们能看清这辆车的价值，我的报价已经很低了。"

袁先生仍然讨价还价："邓先生，你仔细看看这辆车。我每年将会为它多支付1000元的维修费，这可要不少钱呢。"

邓先生很耐心，依然笑着说："当然，但是，1000元对于二手车而言已经是很低的维修费了。事实上，我的这辆车有很多人想买。"

第三章
听心：80%的成交要靠耳朵完成

无论袁先生是什么态度，邓先生都巧妙地化解了。尽管袁先生对这辆车的挑剔已经到了极限，但最后他还是花了3万元买下了这辆车。

据心理学家分析，只有那些对产品有异议的客户才会真正考虑购买以后的问题，如果对方不想购买，根本就不会对你的产品评头论足。因此，碰上那些比较挑剔的客户，销售员更要耐心地说服，达到成交的目的。

在和客户打交道的时候，销售员的眼睛要洞察秋毫，脑子更要机敏灵活。多观察，多总结，多思考，既不要轻信他们"不错不错"的赞美，也不要因为他们过激的批评而恼怒。永远相信一个规律：叫好的多为看客，挑剔的才是买主。

当然，销售员不能任由客户宣泄情绪，尤其是在应对这类挑剔时，应该运用一定的策略来化解。

实用妙招

- 识别

对销售员而言，如果不去辨别客户的真实意图，很容易错失销售的良机或者无端浪费时间。为了不得罪他人，中国人通常都不喜欢说"不"，所以很多还价的客户其实也有婉拒的意思。这时，如果你没有领悟对方的意思，反而一个劲儿地说服，最终只会徒劳无功。

- 微笑

实际上,销售工作都是从微笑开始的。微笑能够提升销售员自身的形象,打开客户的心扉。客户挑剔时,即使他的表情冷若冰霜,只要销售员保持微笑,那么,这样的微笑就像炙热的太阳,随着时间的推移,客户脸上的冰霜终究会消融,此时,不是你求着客户购买,而是客户不忍心不买。

- 自信

自信是一个人能够有所作为的必要条件。由于销售员在销售产品时,遭受拒绝的频率更高,所以销售员更要拥有强大的自信心。如果你自信心不足,客户一眼就能够捕捉到,从而使你在接下来的讨价中居于劣势。面对各种讨价还价的理由,你不能无底限地随意降价,如果商品货真价实,就应该坚守真不二价的信心。最后,你的自信也是客户判断商品价值的标准,因此,自信有时会令你取得意想不到的收获。

面对客户的挑剔,能够做到不反唇相讥,是做生意的基本条件,也是销售员最基本的素养。如果在这个基础上,对客户的意见足够重视,就会让客户感受到被尊重。从营销学的角度来看,客户嫌弃他所看中的商品证明他有购买意愿,嫌弃本身也是认真考量的过程,所以才会提出种种要求。

对客户的不同意见,销售员除了微笑应对之外,还要给予正面的说明作为回应。那些在购物或接受服务时挑三拣四的客户,其想法不排除人为的偏颇,但毕竟也是切身感受,应该予以重视。

听心：80%的成交要靠耳朵完成

如此，客户会觉得商家的改进中有自己的一份功劳，那么，他们成为回头客的概率也会大增。

5. 客户口中的"考虑考虑"是什么意思

在销售员竭尽全力地向客户介绍完产品之后,客户有时会说一句:"知道了,我考虑考虑。"或者是:"我考虑好了再跟你联系。"

客户说"考虑考虑"是什么意思?是否表示他真的有意购买,只是现在还没考虑好呢?如果你这样想,真的指望着客户考虑好了再来购买,就上当了。事实上,客户说"让我考虑一下",是一种拒绝的表示,意思几乎相当于"我并不喜欢你的产品"。

因此,当下次再听到客户这样对你说时,一定不要真的留时间让客户考虑,不能在这种拒绝面前退却,正确的做法应该是迎难而上,抓住"让我考虑一下"这句话借题发挥,采取一些恰当的话术,努力促成合作。

小田是一家房地产公司的推销员,这家公司除了在网站、App上发布广告销售房子外,也常常上门销售。

第三章
听心：80%的成交要靠耳朵完成

客户常常会以这种话来拒绝："我再考虑考虑。"客户之所以会这样推辞，是由于他有如下的想法："当然，能有个属于自己的家是再好不过了，只可惜手头不宽裕，最好还是等钱存够了再买。"

小田会说："用分期付款的方式，第一笔钱付了以后，后期就比较轻松了。"

客户会说："我要考虑一下，说不定过段时间，房子还会降价呢！"

小田非常了解客户的心理，自然有他的一套对策。

首先他会把向银行贷款或资金周转的方法提供给客户做参考，并把房价上涨趋势的资料提供给客户。然后，他会告诉客户："您的想法，我很了解，的确，只有少部分经济条件好的人才能说买就买。但是，以我过去的经验来看，买房子只等存够钱是不行的，要从资金周转和付款方式上想办法才行，请您看看这些图表……"

他拿出图表，有工资上涨的预测、经济增长率的预测、房价上涨的预测、物价上涨的预测。

客户听了小田的这番分析，觉得他说得有道理，于是便真的开始考虑购房的问题了。

实用妙招

我们还可以采取如下几种回答方式来应对客户的"让我考虑一下"：

（1）"先生，与其将来再考虑，不如现在就考虑好做出决定。

您工作那么忙，我想您以后也不会有时间考虑这个问题的。"

（2）"我很高兴能听到您说需要考虑一下，如果您对我们的商品根本没有兴趣，您怎么愿意去花时间考虑呢？但是，您所要考虑的问题究竟是什么呢？您可以说出来，看看我能不能帮您解决？或者您是不是怀疑自己的判断呢？不如让我来帮您分析一下。"

（3）"可能是我说得不够明白，以至于您现在还不能决定购买。那么请让我把这一点说得更详细一些，以便帮助您思考。"

总之，我们要紧紧抓住客户的"让我考虑一下"不放，借题发挥，努力争取，竭尽全力促成成交。

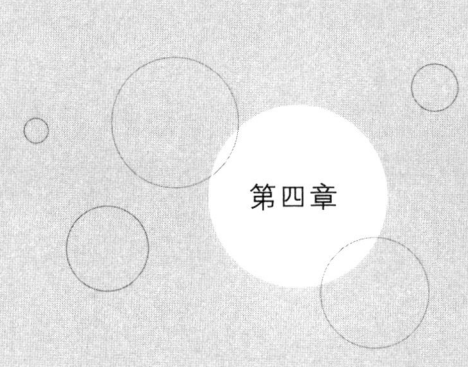

第四章

攻心：销售"一阳指"直点人性死穴

第四章

攻心：销售"一阳指"直点人性死穴

1. 谈话一开始，就迅速攻占对方的心

中国古代军事著作《孙子兵法》备受古今中外兵家的重视，书中的《谋攻篇》，是最为经典的篇章之一，其思想精髓用最简单的话概括就是："知己知彼，攻心为上。"这也是我国古代军事家用兵作战的指导原则之一。商场如战场，销售员与客户交流时，要在谈话一开始，就迅速攻占对方的心，这样才最容易说服对方。

有个小男孩想让母亲给他买一双运动鞋，这个期望本来很简单，但孩子担心被拒绝，因为他已经有了一双运动鞋，而母亲向来比较节俭，可能不会满足他的愿望。

于是，这个小男孩便琢磨出了一个很独特的方法。他没有像其他孩子那样苦苦恳求，或者撒泼耍赖，而是一本正经地对母亲说："妈妈，你有没有见过一个男孩，他只有一双运动鞋呢？"

这句很天真又略带"计谋"的话，瞬间打动了母亲的心。于是，

就在当天,小男孩的母亲就给他买了一双崭新的运动鞋。后来,这位母亲和朋友们谈起自己的儿子时,总要提起这件事。她说:"孩子的话让我觉得,如果我不答应他的请求,就会很对不起他。我当时想,哪怕自己再节俭些,也不能委屈了孩子!"

这个机灵的小男孩,用一句话就打动了母亲,实现了自己的愿望。在他说这句话时,唯一的目的就是要打动母亲的心。实际上他的确做到了,让母亲觉得他的要求是合情合理的,而不是在无理取闹。

周丽丽是一名化妆品销售员。有一次,她在店外向一位抱着一只宠物狗的女士推销化妆品,这位女士很客气地拒绝了她:"不好意思,我现在没有带足够的钱,等我带足了钱再买。"细心的周丽丽看出了她怀中的狗很名贵,知道"没有带足够的钱"只是她拒绝自己的一个借口。

于是,她微笑着说:"您这小狗真可爱,一看就知道价值不菲。"

"对呀!"女士顿时来了兴致。

"那您一定在这个宝贝身上花了不少的钱和精力吧?"周丽丽用崇拜的眼神看着女士。

"没错呀……"女士开始兴致勃勃地为周丽丽述说她为这只狗所花费的钱和精力。

周丽丽专心地听着女士的介绍。在一个很适当的时机,她插了一句话:"您真厉害呀,能够为名贵的狗花费足够的钱和精力的人,

第四章
攻心：销售"一阳指"直点人性死穴

必定不是工薪阶层。就像这些化妆品，价格比较贵，一般都是那些高收入、高品位的女士，才会买来使用。"

最后，这位女士很高兴地买下了一套化妆品。

作为销售员，大都经历过激烈的销售谈判，在谈判中，有时只要你说错一句话，就会前功尽弃，一败涂地。相反，谈判者有时说对一句话，也可能反败为胜，化危机为转机。至于这一句话说对说错，关键就在于"攻心"。只要你肯动动脑筋，善于巧妙地运用一些"攻心"术，想要说服客户并不是件很难的事。

实用妙招

销售员怎样才能从一开始就攻占对方的内心呢？

• 打开客户的防备之心

当销售员初次拜访客户时，由于客户对你感到陌生，所以会本能地产生一种防备之心。如果你一上来就推销你的产品，就很容易令客户反感。因此，销售员可以说一些能让客户感兴趣的话题，来吸引他的注意。

• 你的头衔要让客户感到能给自己带来价值

即使你仅仅只是一个普通的销售员，你也可以使用让对方更容易感觉到你有价值的头衔。如，保险销售员可以标榜为财务顾问，家具销售员可以标榜为室内设计顾问，招生业务员可以标榜为培训老师或运动教练。这样一来，客户就会感受到你的价值，将注意力投向你也是顺理成章的事了。

- 亲自给产品作演示

销售员在和客户沟通时，如果能有一些生动活泼的产品演示，就能立刻吸引客户的注意，同时也能够让客户亲身体验、感受到产品的功效，这样更有利于营造轻松、舒适、自然的交流氛围，也就更有利于达成销售。

因此，销售员要想让客户认真听你对产品的讲解，以及购买你的产品，你就要从一开始就攻占其内心，这样才有可能获得最后的成功。

第四章
攻心：销售"一阳指"直点人性死穴

2. 抓住人性弱点，直击客户死穴

"欲成天下之大事，须夺天下之人心。"其中，抓住对方弱点是重要的手段之一。任何人都有弱点，只要能找准对方要害，主动出击，攻其不备，则可无往不利。

在销售时，如果能抓住客户的弱点，牢牢掌握主动权，往往能达到事半功倍的效果。当然，在千方百计抓住对方弱点的同时，还应当竭尽全力避免对方抓住自己的弱点，以免受制于人。只有明白了这个道理，才能在销售工作中游刃有余。

"成功的销售员一定是一位伟大的心理学家。"在销售时，如果将销售员说服客户的话语比作子弹，那么客户的心理弱点就是靶子，如果瞄不准靶心，尽管你滔滔不绝，说话像机关枪一样，也只是浪费子弹。如果你能像狙击手那样一枪正中靶心，效果就远胜过乱枪扫射。抓住对方的弱点攻心，就是正中客户的罩门，找出他恐惧的关键，满足他的需求。实际上，说话越多的人，往往思考越少，而且话说得太多,对方也不会吸收,纯粹是浪费口水,对说服客户没有一点助益。

因此,在销售时,想要说服客户达成合作,就要明白怎样抓住客户的心理罩门,展开说服,以最低成本完成任务。

实用妙招

那么,在与客户交谈时,怎样做才能抓住对方的弱点,于无形之中"掌控"对方呢?

• 搜集客户资料

想要抓住客户的弱点,就得先掌握关于他的第一手资料。如能把客户个人资料运用得恰到好处,它就能够成为你出奇制胜的法宝。你可以在网上搜索,查阅以前的交易案例,或者向其周围的人暗中了解,也可以在与其交流的过程中观察其言谈举止、说话方式、着装打扮等。

• 研究客户,找出弱点

根据搜集来的资料,细致地分析客户,找出他的优势和劣势,找到他的致命弱点。"趋利避害"是人的本能,对于每个人都是一样的,因此只要掌握了一个人期待得到的"利"是什么和最惧怕的"害"是什么,在与其打交道时你就能游刃有余,进而顺利达成交易。

• 找准时机,出奇制胜

掌握了客户的致命弱点之后,你下一步的任务就是找准时

第四章
攻心：销售"一阳指"直点人性死穴

机，突破客户心理防线。所谓时机，既不能太早也不可过晚，必须恰逢其时。如果没选对时机，可能会前功尽弃，导致交易失败。

3. 禁果效应：得不到的永远是最好的

在心理学中有一条"禁果效应"定律：人的天性驱使着人们违背禁忌，越是得不到，越是想要得到。无论一个人拥有了多少东西，比如权力、名誉、金钱，最后都不会获得满足。只有那些无论怎么努力也得不到的，才是最好的。我们平时都有过这种经历：眼前的东西越是未知，就越想要一探究竟，即使那是一只"潘多拉的盒子"。

俄罗斯有一句格言："世间禁果格外甜美。"我们现在所说的"禁果效应"，起源于古希腊神话。

相传，潘多拉从众神之首宙斯的手里得到了一个神秘的魔盒。宙斯告诉她，这个盒子看着不起眼，但其中装着人类所有的罪恶，一旦打开，后果不堪设想。潘多拉得到了保管盒子的机会，却被禁止打开观看，这让她彻夜难眠。她每天都猜测着：盒子中到底有什么？人类的罪恶究竟什么样？打开以后会有什么后果呢？潘多拉太

第四章
攻心：销售"一阳指"直点人性死穴

想知道盒子里的秘密了，终于有一天，她趁着众神不备，悄悄打开了这个魔盒，结果人类本性中的罪恶全部被释放到了人间，自此潘多拉的名字便与"禁忌"一词紧紧联系在了一起。

通常情况下，人们做事时都有自己的判断，并根据自己做出的规划，依循欲望做出合理的选择。如果别人不顺从他的意志，甚至打算强行改变他的决定，他就会产生强烈的逆反心理。

人们往往都有这种心理，得不到的永远是最好的，吃不到嘴里的永远是最香的。销售员可以反向利用这种逆反心理，让客户愈想要，愈难得到，并且在其对商品产生着魔般的兴趣时，打开"潘多拉的盒子"，客户就会由于心理需求得到满足而追捧你的商品。

有一家餐厅生意一直不景气，于是店主想出来一个主意：让人在离餐厅不远的大街上盖了一所精致的小房子，并且在房子墙壁四周打了一些小孔，房门上写着四个大字："不准偷看！"很多人由于好奇，路过时都要对着小孔看看。一看，映入眼帘的是："美酒飘香，请君品尝。"下面正好放着一瓶香气袭人的美酒。于是，闻到酒香的人纷纷走进了这家餐厅。

后来，越来越多的人"偷看"了小屋里的美酒，越来越多的人走进了店主的餐厅。

由此可见，在销售中合理运用"禁果效应"，能够得到出乎意料的良好效果。相信很多销售员都遇到过这样的情况：你越是苦口婆心地说服客户购买你的产品,他却越不买账。此时,如果你表现得没么执着,让客户自己选择,他反而会选择购买产品。

英国作家劳伦斯的小说《查泰莱夫人的情人》曾经一度被列为禁书,在小说合法出版以前,仅黑市上的盗版书就卖出了几千册。按照心理学家罗伯特·恰尔蒂尼的说法:"我们对稀有物品的本能占有欲直接反映了人类的进化史。"

这说明人们常常对那些买不到的稀罕物品兴趣比较大,越是买不到,就越想得到。销售员大可利用客户"担心买不到"的心理,吸引客户的眼球。比如你可以这么说:"这款商品就剩下最后一个了,而且货源也比较紧缺,短期内我们进不到货了,您如果不买恐怕以后真的买不到了。"一般而言,只要对这个商品感兴趣的客户就会成交,因为他担心"买不到"。

有个犹太商人拿着三张稀世名画到一个大型的拍卖会上出售,三张开价3000万英镑,首次出价,根本没人回应。这个商人当机立断,撕毁了一张,人们在惊呼之余都感到很惋惜。第二次出价,两张依然开价3000万英镑,可惜还是没人买,于是商人又撕毁了一张,众人大惊,情绪波动十分强烈。第三次出价,只剩一张名画了,商人仍开价3000万英镑,众人皆抢……

面对这样的稀世名画,真正的收藏家是不可能再容忍其被毁掉的,商人对自己的东西有信心,如果他降价的话,最后根本卖不到3000万英镑。这就是销售中的"匮乏术",让客户感觉到货物奇缺,

第四章
攻心：销售"一阳指"直点人性死穴

错过这个村就没这个店，人们担心失去又渴望拥有，掌握了客户的这种心理，销售就能取得成功。

美国一家超市也采用了一种独次销售法，对特定的商品仅出售一次，以后永不进货，再热销的商品也是如此。你是不是觉得，这家超市会损失很多利润呢？事实恰恰相反，因为商品太抢手，利润反而更大。这家超市就抓住了顾客"物以稀为贵"的心理，让顾客觉得这家商店的东西"机不可失，时不再来"，一犹豫就买不到了。因此，这家超市只要有新品上架，往往会被顾客一抢而空。

现在我们明白了，客户普遍觉得"得不到的才是最好的"，销售员可以利用"禁果效应"与客户进行"心理博弈"。需要注意的是，我们必须掌握好平衡，拿捏好尺度。刺激逆反心理能够引发客户的购买欲望，但一旦发现客户出现了厌烦情绪，就必须立刻收手。

一般而言，客户在欲望得不到满足或保持对立情绪时，会产生强烈的逆反心理，而处于这种状态下的人们常常会反应过激。他可能会显示出高人一等的态度或者直接驳回你的诉求，或者干脆沉默到底，就是不接受你的建议。当你发现客户表现出兴趣索然或者反感的神情时，就要果断停止推销。

实用妙招

那么，怎样才能有效利用客户"得不到的永远是最好的"这种心理呢？

- 为客户提供新奇的东西

人们总是对新奇的事物感到兴奋、有趣,都想一睹为快。

- 不给客户提供全部信息

保持某种程度的神秘感,给客户预留想象的空间。

- 向客户提出刺激性问题

提出刺激性问题可以激发客户的探索欲望,因为人们总是对未知的事物比较感兴趣。

- 在销售中制造一些悬念

如果你制造一些悬念,对方必定会想知道更多的相关情况。当你将客户的注意力吸引到你的身上之后,就可以继续通过客户想知道的相关情况,逐步引导其进入销售环节。

第四章
攻心：销售"一阳指"直点人性死穴

4. 你给"面子"，他掏"票子"

中国人大都爱面子。面子是人际交往中最基本的调节器，面子给得足不足往往是人际关系和谐与否的晴雨表。面子，说白了就是尊严。

由此可见，"磨不开面子"是人性中很普遍的一个心理弱点，想要说服客户为"面子"埋单，就要抓住这个弱点。当你给足客户面子时，客户就会用成交来回报你了。

有一次，销售员马婷婷的朋友找她一起去聚餐。在席间，她看到一位贵妇李姐故意亮出了自己的钻石项链，便趁势惊奇地问道："哇，您这条钻石项链多少钱？"

"也没多少钱，"李姐笑盈盈地说，"只有60万元而已。"听到"60万元"，马婷婷暗自庆幸，本来她是想问对方："您这条钻石项链要十多万吧？"还好没有说出口，否则，一定会让别人笑话自己没见过世面。

后来，马婷婷又看到李姐的手指上戴了一只钻戒，就问道："您手上的钻戒多少钱？"

"这个比较便宜，才15万元。"李姐说。

"我什么时候才可以拥有这些首饰啊？"马婷婷故意叹了口气说，"不过，即使我戴上，也没人觉得是真的。"

这时，李姐已是心花怒放，马婷婷话锋一转，继续说："尽管我现在赚不了这么多钱，不过，我有一个好的投资，将来必然能够让我的家人过上这种生活。"

马婷婷的话勾起了李姐的好奇心，于是，她询问到底是什么投资。马婷婷一看李姐动心了，就趁机将公司发行的投资型商品详细地介绍了一番，最后，她还不忘说一句："张夫人就买了很多，将来她一定会有巨大的回报。"

"是吗？我也想了解一下。"李姐说。

结果可想而知，马婷婷轻松地促成了这笔生意。

西方有句格言："人性深处最渴望得到别人的恭维。"特别是作为客户而言，得到销售员的恭维就意味着得到了商家的尊重。很多销售员正是抓住了客户的这一心理特点，让他们找到了当"上帝"的感觉。

只要给足客户面子，客户也会顾及你的情面。维护好客户的尊严，才能与其处理好关系，最终达成合作。

第四章

攻心：销售"一阳指"直点人性死穴

实用妙招

- 不要戳穿客户的假话

对于客户说的一些假话，无论是善意的还是恶意的，你都不要去戳穿它，自己心里有数就行了，否则很有可能会伤害客户的自尊心。

- 不要当面指出客户的错误

即使客户真的有错，你也不要当众指出，应该等到没有其他人在场时再跟客户说明，保全客户在众人面前的面子。这样客户会很感激你。

- 不要轻易许诺，避免客户丢面子

有时候，一些销售员对客户做出了承诺，而客户又对他人夸口销售员能给予他什么，最后销售员无法兑现承诺，导致客户在他人面前丢面子。因此，销售员对于没有把握的事情不要轻易许诺。

- 在众人面前夸客户

人们都喜欢在他人面前展现所长。销售员应该抓准时机，在众人面前夸客户，赢得客户对你的好感。

5. 造势攻心,让客户主动送上门

《孙子兵法》云:"激水之疾,至于漂石者,势也。"意思是:湍急的流水,飞速地奔流,乃至漂起巨石,这正是势的力量。在销售工作中,你只有占据优势,才能先声夺人。

"造势"近年来已经变成经营活动中一个相当流行的词汇。所谓造势,在公共关系领域,就是举办活动或制造事件,再通过大众传播媒介的报道,引起社会大众或特定对象的注意和响应,来造成"利己"的声势,以达到"广"而"告"之、"销"而"售"的效果。在销售时,抓住客户的心是必不可少的一种策略,而造势攻心更是其中的上计。

销售就要夺取客户的心,得到客户的赞同和支持。我国古代一直有"要举事先造势"的传统。

刘邦率众起义前,就是一名普通百姓,无权无势,也没有财力

第四章

攻心：销售"一阳指"直点人性死穴

支持，他若起义，必须有强大的号召力，获得广大百姓的支持。那么怎样才能号召人来支持他呢？刘邦想到精心谋划出斩巨蟒事件来造势。

公元前212年的一天，刘邦正带领十几个手下逃亡，基于安全需要，要派一个人（刘邦安排的托儿）到前面去探路。探路的人回来报告说："一条巨蟒挡住了去路，我们还是往回走吧。"

刘邦震怒，说："男子汉大丈夫独行天地，有什么好怕的！"说完，他带着兄弟们来到有巨蟒的地方，拔出利剑，将挡道的巨蟒斩为两段，然后带领弟兄们继续前进。

大家又走了一段路，累了正在原地休息，这时候，后面追来一个老妇人在这里号啕大哭。刘邦的人（安排的托儿）问："老人家你哭什么？"

老妇人说："我儿子被杀，怎么能不伤心？"

刘邦的人继续问："为何被杀？"

老妇人说："我的儿子本是上神白帝下凡，化成一条白蟒，在此挡道，如今被赤帝斩杀。"

众人以为老妇人在造谣惑众，想要打她，老妇人却忽然消失不见。

这个托儿由此宣传刘邦是赤帝下凡，是真龙天子，而其他不明真相的人听了此事以后，也对刘邦敬畏有加，甚至崇拜起来，于是四面八方的人来投奔刘邦，共举大事。

这就是"刘邦斩巨蟒起义"的故事。要想成事，先要造势。

同样的道理，做销售也要懂得造势。谁的方法巧妙，谁就能最快地吸引到客户，就会胜出。

有一家影视公司善于为那些即将上映的电影宣传造势，但是他们从来不打广告，而是把电影的部分情节在现实中上演。比如，在《行尸走肉》这部恐怖电影上映以前，剧组在街头找来几十个群众演员，化装成僵尸的模样突然出现在繁华的街头，吓坏了不明真相的当地群众，有人以为真的有僵尸来到了现实生活中，还有人用手机将其拍摄下来上传到网上。

这个事件迅速在全国范围内炸开了锅。后来大家都明白了，这是某一部电影即将上映，剧组在预热。剧组没有花大价钱做广告，这部电影就已经提前火了。人们都迫不及待地想看看电影，结果电影票房大涨。

这就是造势，而且效果非常好，吸引了大批观众的眼球。

在销售时，很少有产品一上市就会畅销，都需要花一番心思，有时甚至需要创造需求气氛，才能使之成为畅销的商品。

销售员既要有说服客户来买的本领，还要制造一种气氛让客户主动来买。这就需要销售员去造势攻心，开展促销活动，让更多的人来了解、认知，甚至直接产生购买行动。要达到这一目的就需要造势。

第四章

攻心：销售"一阳指"直点人性死穴

实用妙招

造势就是给产品销售带来轰动性，借助各种形式来吸引消费者的注意力，让尽量多的人了解商品。造势时应该注重以下几个方面：

- 借助于外界的"势"

如节日的欢庆、商场的大促销活动等，都有利于活动造势，以达到预期的销售效果。

- 注重活动场景的布置，让宣传无处不在

在产品展示方面应该做最好、最大化的商品展示，让商品有规律地堆积如山，形成畅销的气势。

- 在促销技巧上下功夫

想出不同凡响的销售妙招，吸引消费者。工作人员的形象应该映衬出产品所宣扬的主题。

- 营造环境

让消费者感受到活动的气息，从而参与到活动中。促销活动只有"势"还不够，促销内容也一定要新颖，让人一见到就有想参与到其中的感觉，同时，促销主题要突出，促销诉求要真实可行。

6. 吸引客户成为"忠实消费者"

攻占客户的心,只要方法得当,几分关怀、几分真诚,再加上几分巧心思,就能够吸引客户成为你的忠实消费者。

一位企业老总出差深圳时,有位销售员请他到饭店用餐。落座不久,酒菜就送上来了。企业老总惊奇地发现,送上来的这瓶红酒已开封过并且只有多半瓶,就问销售员,这位销售员笑而不答,只示意他看瓶颈上吊着的一张非常讲究的小卡片,上面写着:××董事长存。销售员见企业老总仍然疑惑不解,遂起身拉他来到饭店入口处精巧的玻璃橱窗前,只见里面陈列着各式各样的高级名酒,有多半瓶的,也有少半瓶的,瓶颈上挂着标有客户姓名的小卡片。

"这儿保存的都是客户上次喝剩的酒。"销售员解释道。

饭店怎么还替客户保管剩酒呢?

第四章
攻心：销售"一阳指"直点人性死穴

原来这是饭店行业新近推出的一个服务项目，它一面世就受到广大餐饮业者的青睐。它的成功有很多原因：

第一，这样有助于不断开拓销售业务。饭店为客户保管剩酒，这些客户再想用餐时，多半会选择存有剩酒的饭店，而客户喝完了剩酒，又会要新酒，于是就可能又有剩酒需饭店代为保管，下次用餐就又会优先选择这家店。如此循环往复，客户成为饭店的固定客户。

第二，这样有助于激发客户的高级消费欲望。试想，稍有身份的客户，必定不想让写有自己名字的卡片吊在价廉质次的酒瓶上，曝光于众目睽睽之下。于是，客户挑选的酒会越来越高级，有效地刺激了客户的消费水平。

第三，饭店这样做有助于提高声誉。试问，连客户喝剩的酒都精心保管的饭店，服务水平会差吗？经营作风难道会不诚实可靠吗？

第四，保存剩酒使客户感受到宾至如归的亲切感，客户光顾饭店的次数自然越来越多。

实用妙招

- 以销售方式吸引客户

  发送赠券、优惠券，有奖销售，附赠礼品等，都是吸引客户再次消费的实用方法，核心是以"利"、以"情"吸引客户成为其忠实客户。

- 分享客户的得意之事

  这样往往让客户有成就感，从而达成交易。

第五章

赢心：掌控客户，销售就是搞定人

第五章

赢心：掌控客户，销售就是搞定人

1. 让客户的"担心"变"安心"

一些销售员经常会遇到这样的情况：自己推荐的商品质量很好，价格也很公道，同时，客户也有需求，但客户就是不愿意下决心购买。这是怎么回事呢？

究其原因，最大的可能是客户对产品"不放心"，也许客户在以前的消费中吃过亏，因而有不安全感。这种对产品或服务的不安全感是影响他们实施购买行为的重要阻碍。

在这种情况下，销售员就要想方设法打消客户对产品的担忧。如果能做到这一点，就能让客户提高购买信心，放心大胆地购买。

张女士想要为她的小儿子买一匹小马，她和孩子转了一圈，只看中了两匹小马。综合来看，这两匹小马情况差不多。第一个卖马人告诉她，他的小马售价为2000元。第二个卖马人则为他的小马开价12000元。

第二个卖马人告诉张女士，允许张女士的小儿子先试骑这匹小马半个月。他承诺，除了将小马带到张女士家以外，还提供小马半个月的草料费用，并且派他自己的驯马师每星期一次教小男孩怎样喂养小马。

在试用期结束时，他会亲自过去，或是将小马领回，将马房打扫干净，或是张女士付12000元，将小马留下。

半个月试用期过后，张女士果断买下了第二个卖家的小马，尽管他的要价高了不少，但是经过试用，她和小儿子喜欢上了这匹小马，对这匹小马有了感情，这比什么都重要。

对产品风险的担忧是绝大部分客户都有的。因此，销售员要想拿下订单，达成交易，就要首先消除客户对风险的担心，让客户把担忧放下，直到客户不再犹疑，接受你推荐的商品为止。

实用妙招

那么怎样才能让客户的"担心"变"安心"呢？一般可从下列两个方面去做：

- 免费试用

暂且不去考虑客户买不买，先让客户试用一下。提前试用的方法，能在心理上减少客户对产品，尤其是新产品的一些不安全感。如此一来，客户的疑虑就会消失，信赖和信任就会增加，购买的可能性也就变大了。

- 做出郑重承诺

不言而喻,客户当然是想买质量好的产品。但是在购买时,客户如何才能知道质量好不好呢?不知道就会产生疑虑,也就不会那么容易下定决心下单。此时,就需要销售员给客户吃下一颗定心丸。这颗定心丸就是对客户做出郑重承诺,承诺的内容就是:经得起考验的产品质量和无微不至的售后服务。只有保障了产品质量和售后服务,才能在一定程度上减轻客户对产品风险的担心,让客户的购买欲望真正转化为购买行为。

2. 用你的"诚心"换取客户的"信心"

就像世上没有完美的人一样,世界上也没有十全十美的东西。任何产品都会在某一方面存在不足,在销售中抓住商品特点,恰如其分地自揭其短,往往能起到意想不到的效果。

相传,有一家酒楼门口曾贴出海报,上面写着:"本店以信誉担保,售卖的完全是陈年好酒,绝不掺水。"另一家酒楼的门口也贴出海报:"敝店素来崇尚诚信,出售的一概是掺水5%的陈年老酒,如不想掺水者,请事先声明,但饮后醉倒概与本店无关。"结果前者说过了头,失去了客人的信任;后者自认酒中掺水,又幽默地肯定掺水的必要性,让客户"自愿上钩",酒楼生意格外兴隆。

"金无足亦,人无完人。"任何事情都不是绝对的,都有正反两面。同是做广告,一个从正面赞美,一个既讲明优点也讲明缺点。二者

第五章
赢心：掌控客户，销售就是搞定人

相比，后者反而更能打动客户的心。

一次，某房地产公司的销售员周晶晶带着一位客户刘先生去参观房屋。

周晶晶："您看，这正是您喜欢的那种户型。"

刘先生："嗯，挺不错的。"

周晶晶："在我给您介绍以前，我想先告诉您这套房子有一点不好的地方。"

刘先生："哪点不好？"

周晶晶："我们这套房子的不远处有一条火车道，火车一天会经过两次，每次180秒，也就是每天您有6分钟会受到火车噪声的打扰。"

刘先生："嗯，那的确不大好。"

周晶晶："因此，凡是购买这套户型的客户，我们公司都会给予一个极大的优惠，您看到墙上挂着的那台液晶电视了吗？"

刘先生："嗯，看见了。"

周晶晶："那也是我们免费送给客户的。其实，如今生活中哪儿没有噪声呢？只是有的噪声我们听多了，习惯了。"

刘先生："对啊！"

周晶晶："您想想，这个优惠力度还是很大的！"

刘先生："嗯，没错。姑娘，你很会做生意嘛，我就买这套了。"

销售员周晶晶将这套房子的缺点——每天会听到6分钟的噪声

提前坦诚地告诉客户，又用"极大优惠"和"免费赠送液晶电视"作为诱饵，吸引客户。客户有知情权，销售员在介绍产品时要尽可能客观、全面，不能夸大其词，也不能掩盖缺点。况且，同一款产品，在不同客户眼中的形象也是不同的，这个客户眼中的优点在其他客户眼中可能就是缺点。因此，销售员没必要对自己产品的不足之处遮遮掩掩，做到坦诚相告，换来的或许就是客户的认可。

　　无论在什么时候，坦诚都是十分重要的。当你用诚恳的态度跟客户打交道时，效果与夸夸其谈是截然不同的。你越坦诚，客户就越能敞开心扉；如果你把自己掩藏得很深，客户也不会与你靠得太近。作为一名销售员，自己产品的优缺点，要如实地告知客户，这样才能获得客户的信赖。

　　"先生，这件衣服款式、颜色、选料都很适合您，只是有一个小瑕疵，中间有一颗扣子松了。我这没有针线，您回去得让您太太缝一下。"

　　"先生，在去看房前，我跟您讲一下这个房子的大概情况，这是2005年建的，相对陈旧一些，而且客厅的朝向不太理想，但装上空调也就不是问题了。此外，房子其他情况都符合您的要求，您还需要去看看其他房子吗？"

　　上面两个示例都是销售员自揭其短，先让客户了解产品存在的小瑕疵，让对方自行选择。这反而赢得了客户的信任，因为客户心里也明白，世上没有十全十美的东西，有点小问题是再正常不过的。

正视缺点、自揭其短更能显示销售员的真诚，还能赢得客户的信赖。

此外，销售员也可选择恰当的时机，给客户灌输"适合的就是最好的"这种购买观念，让客户务实一些，即使产品存在小小的瑕疵，但整体上完全能满足客户的要求，以减小缺陷对客户的影响，提高成交的概率。

如果销售员绞尽脑汁地回避自己产品的缺陷，在客户面前夸大其词，把黑的说成白的，把丑的说成美的，反而会引起客户的种种猜忌，还不如诚实一些，主动以恰当的方式把产品的某些不足告诉客户。特别是那些显而易见的缺陷，即使你不讲出来，客户也能看得出来，坦诚地说出来，反而能够赢得客户的信任。

实用妙招

在揭己之短时，销售员应注意如下技巧：

- 先抑后扬

自揭其短时，销售员可用先抑后扬的方式，即先说明产品缺点，再介绍产品优点。这样一抑一扬，一方面展示了销售员的真诚，另一方面又凸显了产品的优点，一举两得。比如："尽管这款产品在某某方面还有不足，但是它和同类产品相比还是有很大优势的。"

- 适可而止

一眼就能看出来的缺点要主动曝；细微的、不明显的缺点也要曝。但自揭其短宜少不宜多，巧妙地讲出一两点即可，讲得太多只会费力不讨好，反而会吓跑客户。

- 转移话题

在揭短之后，销售员应及时转移话题，把客户的注意力引导到其核心需求上。如果客户确实在意产品的瑕疵，销售员还可根据具体情况，适当向客户做出承诺，如上门服务、包换、保修等，并保证说到做到。比如："您说得是，这个系统升级的确麻烦些，要不这样吧，每年由我们的售后服务人员上门帮您操作升级，您觉得怎么样？"

第五章
赢心：掌控客户，销售就是搞定人

3. 你要表现得比客户"傻"一点

一个人聪明是好事，但处处显摆自己的聪明反而就是愚蠢了。每个人都有攀比心理，客户也不例外。在销售时，你可以选择自己出风头，失去生意，也可以选择把风头让给客户，换来他对你的认同和交易达成。一舍一得，选择并非难事，你如果真正聪明的话，应该懂得怎样取舍。

在美国一个小镇上有一个叫威廉的孩子，他平时沉默寡言，所以镇上就有人认为他不仅不会说话，还很愚笨。其中以史密斯先生为甚，他说威廉是世界第一大笨蛋。

人们不相信，史密斯决定用事实来证明给大家看。史密斯一帮人把威廉找来，在地上放了两枚硬币：一枚五美分，一枚十美分。"威廉，你要哪一枚，选中了就是你的。"史密斯说。

所有人的眼睛都盯着威廉，看他怎样选择。威廉毫不犹豫地捡了五美分的硬币。人们哄堂大笑。

"你们见到了吧,"史密斯嘲笑道,"威廉就是傻瓜。"

"威廉是个傻瓜!"小镇一下子传开了。有人不信,也拿了两枚硬币来逗他,果然,威廉又挑五美分的硬币,屡试不爽。人们一边逗威廉,一边取笑他。

有一个老太太很同情威廉,对镇上人取笑威廉愤愤不平,她偷偷地告诉威廉:"小威廉,十美分是五美分的两倍,你为什么不拿多的呢?"

"我知道。"威廉笑着回答老太太,并拿下了自己的储蓄罐给老太太看,里面装了满满一罐五美分的硬币,"奶奶,如果我拿十美分的硬币,这一次是获得多了,但再也不会有下一次。"老太太看着威廉眼中闪烁着狡黠的眼神,又看看满满一罐子硬币,发现这是一个聪明过人的孩子,将来必定是一个干大事的人。

这个孩子就是美国第九任总统——威廉·亨利·哈里森。

小威廉知道隐藏锋芒,并看到了长远利益,才能选择难得的大智若愚。处处显示自己的聪明,只能逞一时之快。

周伟伟去拜访客户张先生,在张先生面前,周伟伟西装革履,风度翩翩,侃侃而谈,但是无论他说什么做什么,都感觉跟张先生之间的距离难以拉近。直到他准备离开,由于没有留意台阶失足跌倒的那一刻,情况发生了改变。张先生急忙上前扶了他一把,看到他由于尴尬而突然脸红了,张先生拍拍他的肩膀说:"没关系的,我也经常出丑。

先坐下休息一会儿吧,你可以继续介绍一下你们的产品。"

周伟伟明显感觉,自己出丑之后,张先生在交流时反而表现得积极主动了,两人间的距离顿时拉近了很多。对于这次的经历,周伟伟觉得自己是因祸得福。从此之后,他再同客户洽谈时,再也不把自己塑造成看似完美无缺的人了,而是在保持基本形象的基础上,适时地出一些无伤大雅的小丑,每每在这个时候,客户都会变得积极主动起来。

实用妙招

表现得很完美的人,往往会让人们对其产生距离感。关于"装傻"的技巧要注意以下两点:

- 求同存异

在与客户交谈时,谈论的话题大多没有固定的是非标准,仁者见仁,智者见智。因此,表达自己的想法时,一定要懂得谦卑,千万不要流露出高人一等的感觉。求同存异,才能发展合作关系;允许不同意见存在,才是应该秉承的交流原则。

- 隐藏锋芒

即使你的才华很出众,也要懂得收敛锋芒,否则你很难在社会上立足。一味地显摆自己的聪明,就好像在给对方贴上愚蠢的标签,又怎能不招来嫉恨呢?处处锋芒毕露的人很容易得罪人,为自己前进的脚步制造阻碍。要懂得适时隐藏锋芒,才能让你的才华得到更大的施展。

4. 投射效应：让客户觉得你是自己人

一位心理专家曾说，人们往往会认为自己的周围是透明的玻璃，自己能看清楚外面的世界。实际上，我们每一个人的四周都是一面巨大的反光镜，反射着我们自己的价值观。

在心理学上有一个著名的"投射效应"。这里的"投射"，就是一个人把自己的价值观和情感好恶投射到外在世界的人、事和物上的心理现象。人们在日常生活中常常情不自禁地把自己的心理特征——观念、欲望、好恶、个性、情绪等归属到他人身上，觉得他人也具有同样的特征，如自己喜欢说假话，就觉得他人也总是在欺骗自己；自己自我感觉良好，就觉得他人也都认为自己出类拔萃。

林肯参加美国总统竞选时，他的竞争对手是有名的大富豪道格拉斯。道格拉斯租了一列华丽的竞选专车，沿路大肆宣传，强力拉选票。他自认为一定能打败林肯，对手下傲慢地说："我要让林肯这个土老帽儿闻一下我的贵族气息。"

和道格拉斯完全相反的是，林肯乘坐的是农民朋友给他准备的农用马车。他沿街慷慨激昂地发表竞选演说："有人问我有多少家产。我有一个太太和三个孩子，他们都是我的无价之宝。另外，我还租有一间办公室，里面有一张办公桌、三把椅子，还有一个书架，上面的书都值得我们每个人读一读。我本人又穷又瘦，脸形很长，绝对不会发福。我实在没有什么能够依靠的，只有你们是我唯一的依靠。"

结果，林肯在选举中大获全胜，顺利成为美国总统。他为什么能战胜道格拉斯呢？

当时的美国，富裕阶层只是少数人，绝大多数人属于贫困阶层。对于这一庞大群体而言，乘着农用马车、又穷又瘦的林肯是他们的"自己人"，他们相信"自己人"会为他们代言，会为他们谋福利，自然愿意把选票投给林肯，而不是投给一个高高在上的大富豪。

作为销售员，如果你能够与客户的思维保持同步，让他充分相信你的想法和行动跟他的一致，他就更容易接纳你，从而接受你销售的产品。正是由于这样，一个优秀的销售员会让自己的音量、声调、节奏与客户相称，甚至连肢体动作、呼吸等也不自觉地与客户保持一致。

物以类聚，人以群分。人大都喜欢和自己类似的人。人在籍贯、学历、经历、年龄、兴趣爱好、经济收入、社会地位、人生价值观等方面相似点越多，交流起来就越顺畅，就越能获得支持，越容易达成交易。

在销售时,如果能找出你和客户的相似点,从相似点出发去影响客户,也很容易赢得客户的认同,顺利成交。

王华是某酒厂的新任区域经理。该区域有一家知名的饭店,生意非常好,可该酒厂的产品一直没能打进去。经过一番调查,王华得到了如下信息:该饭店的老板林总是一个脾气倔强的人,很难说话,对销售员的态度非常差,之前有几个上门推销的销售员都吃了闭门羹。

王华不甘心就此放弃,第二天一大早,他就到该饭店拜访。

进门时,林总正在与客户商谈,王华就没有说话。他随意在店里转了一圈,发现店中间有一张围棋桌子,上边摆放着棋子。店中没有其他人,很显然林总喜欢下围棋,在客人来之前,他自己在这研究呢!王华顿时眼前一亮,机会终于来了……

王华在棋桌前站定了。过了一会,林总送走了客人,过来跟他打招呼。王华刚介绍完自己,林总就拒绝了。王华笑了笑,说:"林总,咱们今天不谈生意。我看到您这棋盘,一看就知道您是一个围棋高手,正好今天有空闲,咱们杀几盘如何?"

林总一听要下棋,顿时眉开眼笑:"好啊,正愁着没棋友呢!"

一来二往,两人连下五盘,二胜二负一合,不分高下。此时,王华电话响了,他就借故离开了,两人约好明天接着下。

第二天,到了昨天王华拜访的时间,王华还没出现,林总忍不住了,翻出了王华的名片,给他打电话:"王华呀,我们不是约好

赢心：掌控客户，销售就是搞定人

今天下棋吗？怎么还没来？"

在电话里面，王华无奈地说："哎呀，抱歉啊，这不月底了吗，任务压力大啊，我这100箱货还没着落呢！下回吧，有机会我再去您那里！"

林总一听，马上问："你卖的是什么酒？要不，你送两箱到我这里吧！我帮你解决。我在店里等你了！"

于是，王华成功将自家的酒打入了这家饭店。

面对陌生人的推销，饭店老板林总的抵触心理很强，而面对有着共同兴趣爱好的销售员，他很快就把对方当成了朋友，当成了"自己人"。林总接受了王华，也就很自然地接受了他的产品。

在销售中，如果你想让客户相信你是对的，并依照你的建议行事，首先就要让对方喜欢你。要想让对方喜欢你，最好的方法就是同对方保持"一致"，让对方把你视作"自己人"，当你成为他的"自己人"时，你说的话就会很有说服力了。

实用妙招

那么，我们具体应该怎么做呢？

- 情绪同步

设身处地地快速进入客户的内心世界，从客户的观点、立场看、听、感受或者体会。

- 语调和速度上同步

客户说话速度快,你就跟他一样快;客户说话声调高,你就和他一样高;客户讲话时常停顿,你也时常停顿,这样才不会出现"各说各话"的尴尬情景。换句话说,就是用客户的频率来和他沟通。做到这一点,你就很容易和客户之间形成极强的亲和力,让客户接受产品。

5. 消除陌生，把任何人都当作客户

心理学研究表明，陌生的地方会令人产生不安全感，陌生的人会令人产生距离感。怎样和陌生人沟通，是困扰很多销售员的一个大问题。在和陌生人沟通时，很多销售员不知道从哪里入手，该说些什么，怎么去说，以至于和陌生人在一起聊天时，经常会出现"冷场"的尴尬场面。

有些销售员一见到陌生客户就感到手足无措，不好意思交谈，不知如何开口。产生这种现象的重要原因就是：缺乏和陌生人沟通的勇气。

每次与陌生客户交流时，最好找到对方也熟识的人和事，以此引出话题。当谈到这类话题时，你们之间的距离就会快速拉近。

一般而言，在大部分销售员的眼中，只有对自己产品有购买意愿的人才是客户。然而，在销售精英的心目中，陌生人甚至任何人都是他的客户，即使是同行也不例外。

下面讲述一个值得人深思的真实故事。故事的主人公就是著名运动品牌阿迪达斯的创办人阿道夫·阿迪·达斯勒。

20世纪初,随着体育运动的蓬勃兴起,德国体育用品行业发展迅速,阿道夫一开始跟着父亲在街头摆了个修鞋摊,后来投资办了一家制鞋小作坊。

有一天,阿道夫和另外两家小作坊的老板共同乘车去一个城市推销旅游鞋。半路上,一个拎着一大包帽子的销售员上车了,他从包里取出几顶帽子,开始向车上的乘客推销了起来。

因为都是同行,另外两家小作坊的老板自然没有什么兴趣,都把头扭向了另一边,可阿道夫完全不同,他听得很认真。那个销售员见阿道夫听得这么投入,便问道:"先生,天这么热,买顶帽子遮遮烈日吧!等我下车以后你就没有这个好机会了!"

"有道理,但你的形象让我没有了购买欲!"阿道夫认真地说。

"我的形象?你认为我的穿着不得体?"那个销售员疑惑不解地问道。

"不是,不是,你的穿着很不错,但你的鞋子上沾满了泥土,而这影响到你的产品形象!"阿道夫说。

那个销售员听后急忙擦了擦自己鞋子上的灰尘,但那些灰尘并没有那么容易被擦掉,他尴尬地说:"做销售员东奔西走,这是难以避免的!"

"对!可是你如果穿上一双随时随地都能擦干净的运动鞋,情况就完全不同了!"阿道夫边说边伸出脚,往自己的鞋子上撒了一些灰尘，随后用湿布一擦就干净了。

那个销售员顿时眼睛一亮，觉得穿运动鞋的确是一个好的选择，不但走路比穿皮靴时轻松，最重要的是它能一擦就干净，能够保持自己的最佳形象。

那个销售员不禁问道："先生，你的鞋子是从哪里买的？我也要去买一双这样的鞋子。"这时，阿道夫把自己的鞋包打开，说道："你现在就能买到！"

就这样，那个销售员从阿道夫那里买走了一双鞋子，而与阿道夫一起的那两位小作坊老板，却始终没有开张。

几年之后，阿道夫的小作坊发展壮大成了一家大型的制鞋企业，而另外两位小作坊老板还举步维艰地在原地踏步，最后甚至因为小作坊倒闭，进了阿道夫的公司打工。

他们问阿道夫是怎样做到这一切的，阿道夫说："在你们眼中，只有有购鞋意愿的人才是你们的客户；在我眼中，所有人都是我的客户，包括向我推销商品的人！"

和陌生人打交道时，怎样沟通会让彼此都感到愉悦，又不失真诚，是销售员的一门必修课。没有天赋不要紧，你同样能够通过后天的努力变成健谈的人。

在认识陌生人的过程中，销售员积极主动非常重要，同时也需要不断练习，掌握一些技巧，只有不断地与陌生人交往，你才会有源源不断的新客户。

实用妙招

那么,销售员应该怎样与陌生人交谈呢?这里提供几个技巧。

- 主动打招呼

要想和陌生人交流,首先必须开口讲话,主动打招呼,体现你的素养,让他人感受到你的热情。有些销售员或许会觉得与陌生人打招呼不好意思,那平常坐车、旅游时就要多练习,相信绝大部分准客户也会有礼貌地回应的。

- 寻找共同爱好

任何人都有爱好,有人喜欢读书,有人喜欢旅游,有人喜欢踢足球,等等。销售员在跟客户交流时,要找到共同的兴趣爱好,只要细心寻找,同陌生人无话可说的局面是很容易打破的。

总之,无论在何处,以得体的微笑、愉快的心情去面对他人,诚恳地与人交流,你和陌生人之间的鸿沟就会变得容易逾越。

6. 给客户一个台阶，给自己留有成交余地

所有交易在达成以前都会经历一番波折，交易按卖方最初的想法达成的现象是非常少的。特别是在买方市场的大趋势下，差不多所有的交易都是在卖方做出适当让步之后达成的。因此，在成交以前，如果你把所有的优惠条件一股脑儿地端出来，而客户又坚持要你再做出一些让步才愿意购买，这时你就没有退让的余地了。所以为了更有效地达成交易，你一定要保留适当的退让余地。

客户在购买产品时，通常都有以下两种心理：一是总觉得自己还能够得到更多，二是对自己努力争取来的条件更有满足感。因为客户有这样的心理反应，因此当你主动地一次性把自己所能提供的各种优惠条件全部列出时，客户通常不觉得你的退让已经到了极限。客户在购买时会努力为自己争取更多利益，而对于一下子就争取来的优惠条件，他并不能产生成就感，只有一步一步争取来的优惠条件，他才更能产生满足感。因此，你应该熟识客户的这种心理，并

学会根据客户的心理调整自己的谈判技巧，以免自己在销售时过于被动。

总而言之，要想获得订单，在客户争取优惠条件的情况下，逐渐地"让"给客户，才是符合购买心理的。

留有余地既为我们提供了前进的空间，又为我们留下了退一步的可能。如果你总想一步到位，很容易令自己进入绝境，陷入僵局。

一家生产饮水机的企业在搞促销活动。

销售员小李在向客户推销饮水机时说："现在，我们公司正在搞一个优惠促销活动。凡是购买我们公司饮水机的客户，可以享受送货上门、免费安装、保修三年的服务，能够获得享有八折优惠的会员卡及一次有希望中八千元现金的抽奖机会。机不可失，您如果在这张订单上签下您的名字，这些好处您都能拿到。"

客户听了之后，说："哦，这真不错，但能再优惠一点就更好了，还有其他的优惠吗？"销售员小李说："所有的优惠我都说了，没有其他的优惠了！"客户说："没有其他的优惠，我就先等等吧！"销售员小李一听，更加尽力说服客户，但都无济于事。

在另外一个销售点，另一名销售员小王向另一位客户推销饮水机时，也对客户说："现在，我们公司正在搞一个优惠促销活动。凡是购买我们公司饮水机的客户，可以享受送货上门、免费安装、保修三年的服务，能够获得享有八折优惠的会员卡。机不可失，您如果在这张订单上签下您的名字，您就能享受所有的优惠。"

客户听后问："哦，听起来很不错。不过，还有没有其他的优惠？

如果没有其他的优惠,我就先不买了。"

销售员小王说:"我们公司提供的优惠力度已经很大了!不过,我们公司对购买饮水机的前200位客户还提供了一种优惠。以公司签协议的序号为准,购买产品前200位的客户将有一次可能中八千元现金的抽奖机会。现在,我手中的协议编号是193号,已经有几位同事打电话询问我手中还有没有协议。"

客户听了,急忙问销售员小王:"真的吗?"

销售员小王说:"当然,您好好思考下,尽快决定吧,有好几位客户等着我手中的协议签字呢。"

客户说:"那把协议递给我看一看!"

销售员小王便把协议递了过去。结果,客户把协议拿到手中扫了一眼后,就在协议上签下了名字。

相同的优惠条件,为何最后的结果却大相径庭呢?原因有很多,但最重要的一点就是后一名销售员小王在促成订单时,充分留下了成交余地。

很多销售员在向客户介绍产品的竞争优势时,往往觉得,对公司产品所具有的各种竞争优势介绍得愈全面、愈彻底,就愈有利于促成订单。于是,恨不得把产品的所有竞争优势一股脑儿地向客户说明,以促使客户立刻下定决心购买。

结果,这些销售员过早地把自己所能提供的一切有利条件都透露给客户,待客户提出异议时,由于销售员的手里已经没有了筹码,导致双方之间的沟通没有任何回转的空间,最终使交易失败。

相反，一些销售员对产品的竞争优势有所保留。在客户提出不同意见的时候，销售员能够在关键时刻巧妙地将自己之前适度保留的优势呈现在客户面前，往往能获得更高的客户满意度，促使客户做出购买决定，甚至能令很多即将泡汤的交易成交。

实用妙招

销售员在运用这样的技巧时，还需要注意以下问题：

- 保留的余地一定要适度

保留余地的目的是为了给后面的销售活动留下足够的回旋空间，所以在选择这种销售技巧时，你要确保自己所预留的"余地"有一定的吸引力，必须把握好一定的度，既要保证在前期向客户推荐产品或服务时能够让客户感兴趣，又要全力以赴做到在关键时刻能够拿出足够优惠的条件促使客户做出下单决定。

- 回转要选择合适的时机

当你事先对一些有利条件有所保留之后，还需要考虑在什么时候把这些条件拿出来才能够发挥最大效用。具体选择怎样的时机，必须结合客户的反应和当时的销售情形来决定。一般认为，你可以在客户对当前的条件感到不满意时或者在客户认同大部分条件但仍然有所顾虑时，巧妙利用这种技巧达成交易。

第五章

赢心：掌控客户，销售就是搞定人

7. 占争论的便宜越多，吃销售的亏越大

在销售界有一条定律：不要与客户争论。优秀的销售员是很少和客户争论的，因为人的想法并不会因为争论而有所改变。本杰明·富兰克林曾说："如果你总是在抬杠、反驳，也许你能取得成功，但是，那种成功是空洞的，因为你不会获得他人的好感。"

因此，你必须衡量一下自己的行为，是要获得表面上的胜利，还是要获得客户的好感。在大多数情况下，争论会让双方觉得自己的想法是绝对正确的。即使争论的结果是你赢了，但实际上你还是输了。因为争论时你已经丢失了客户，他们基本上不可能继续跟你谈交易了。

有一天，一位男士气冲冲地来到食品便利店，对店员大喊道："我让我的女儿在你们店里买糖果，为何总是缺斤短两的？"店员不知缘由，等这位男士说了原因后，店员礼貌地说："请您回去称称您

女儿的体重,看看她的体重是不是增加了。"这位男士这才明白过来,脸上的怒气也消退了,平静地说:"噢,不好意思,可能是我误会了。"

店员知道自己没有缺斤短两,那么就只剩下一种可能,那就是小女孩偷吃了糖果。如果直接和客户争辩"我是绝对不会搞错的,肯定是你的女儿偷吃了糖果",或者说"你为何不问问你的女儿,倒来问我有没有缺斤短两,真是莫名其妙",这样根本不会平息客户的愤怒,反而会产生更大的争论。而店员用幽默的话语暗示了客户忽略的问题,这样一来不但维护了便利店的信誉,也避免了争执,赢得了客户的好感。

作为销售员,你必须清醒地认识到:与客户争论,最后失败的只能是你自己。有一句销售界的行话:"占争论的便宜越多,吃销售的亏越大。"

即使客户批评你,你也要尽量不与客户争论,要保持"上帝至上"的心态。因为争论不会说服客户,正如一位哲学家所说的那样:"你永远不能靠争辩去说服一个不喜欢喝啤酒的人喜欢上啤酒。"

因此,面对客户的责难,最好的办法就是先顺从他的意思,然后通过事实来证明给他看。有时还需要你想方设法引导客户说出自己的想法,这样客户才能感觉自己受到了重视。

实用妙招

此外,处理客户的异议时要注意以下几点:

赢心：掌控客户，销售就是搞定人

- 置换法

置换法是指销售员为避免直接指出客户的缺点或问题，故意进行置换，把可能会使客户丢面子的事，转换到其他人或事上，这样能够减少与客户的冲突，为他找台阶下。上文中的案例就很好地运用了置换法。

- 使用模糊语言

当遇到客户提出无理的要求或态度恶劣时，为了避免冲突，不宜使用明确的语言，最好用模糊的语言。在无法满足对方的要求时，不要直截了当地说"不"，这样能够减轻客户的挫折感，使他们比较容易接受。

- 情绪放松，别太紧张

你一定要清楚地认识到，在交易的过程中，异议的存在是必然的。当客户提出异议后，你必须保持冷静，不要动怒，也不要采取其他激烈的行为，而是依然礼貌地对待客户，笑脸相迎。一般而言，所用的开场白有"我很高兴您能提出意见""您的意见很合理""您的观察非常敏锐"等。

- 认真聆听

你要聚精会神地认真聆听客户提出的异议，要表现出自己的友善，此外，尽量认可客户的意见，以表示自己对客户的尊重。

8. 投其所好，区分对待不同性格的客户

商场如战场，你要想真正征服客户，必须做到知己知彼，才能百战百胜。除了要掌握客户的购买心理，你更应该了解客户的性格，投其所好。

在《谏论》中有一个非常有趣的小故事：

有这样三个人，第一个人勇敢，第二个人半勇敢半胆小，第三个人完全胆小。

一天，有人把这三个人带到万丈深渊的山谷边，对他们说："能够跳过这条渊谷的才算得上勇敢，不然就是胆小鬼。"那个勇敢的人以胆小为耻，肯定能跳过去，那个一半勇敢一半胆小和完全胆小的人一定跳不过去。

那人又说："能跳过这条渊谷的，我就奖给他两千两黄金，跳不过的则不给。"此时，那个一半勇敢一半胆小的人一定能跳过去，

而那个完全胆小的人却还是跳不过去。

忽然,他们后面来了一只猛虎,凶悍地扑过来。此时,你不用问,那个完全胆小的人也一定会很快地跳过渊谷。

从上面的故事中我们能够看出,要求三个人去做同样的一件事,需要用三种不同的方法来激励。如果只用同一种方法,显然是不能令三个人都心动的。销售也是这样,对不同的客户要采取不同的方法。

不同性格的客户有各自的思维方式和行为模式,当你掌握了不同客户的性格类型和他们的实际需求之后,再进行销售,工作才能干得更加出色。

实用妙招

以下是面对几种不同类型的客户时,销售员的应对方法。

- 见异思迁的客户

此类客户心情舒畅时很热情,甚至让你有受宠若惊之感。但当他们忧郁时,又会冷若冰霜,给人一种无法捉摸的感觉。对待他们,你要给予充分的理解。比如,当客户情绪不好时,如果你能让他倾诉内心的不满,让他摆脱心理上的压力,对你们之间的交易达成大有帮助。

- 博学型的客户

如果遇到有真才实学的客户,你不妨从理论上说起,旁征博引,引经据典,让谈话富有哲理,谈吐含蓄文雅,既不卖弄学问,又给客户留下谦恭的好印象。甚至你还可以将你想解决的问题作为一项请求提出来,让他为你指点迷津。把客户当作良师益友,你就会赢得客户的订单。

- 自大、自傲型的客户

此类客户的虚荣心很强,爱摆架子,需要你肯定他的存在和地位。在销售时,这类客户经常推翻销售员的意见,同时爱吹嘘自己。对于这类客户,你要顺水推舟,不但要洗耳恭听,还要时不时附和上两句。对于客户提出的意见,你不要正面反驳,待他说完以后,你再巧妙地把客户变成听者,让他来附和你。

- 谦虚型的客户

此类客户往往会选择价格不太高的或者质量不是很差、功能不是很齐全的商品。你要先辨别客户是否是真心购买,比如他说的是真心话还是言不由衷的话。当客户买便宜商品时,无论消费金额为多少,你都应视之为上帝,千万不能让客户觉得买便宜货没面子。

- 慎重型的客户

此类客户生性慎重保守,在做出购买决定之前,对商品的各方面都会细致询问,待到彻底了解、合意时才做最后的决定。而在下决定之前,他又往往会与家人商量。对于这类客户,你应该不厌其烦地解答他提出的各种问题。说话的态度要谦卑恭敬,既不要高谈阔论,也不能巧言令色,而应当体现忠实的品格，话语尽管简单，但言必中肯，给客户以敦厚的良好印象。

- 冷淡型的客户

对于这类客户，即使你与他们面对面，还是会有疏离感。有时就连正常的寒暄他们都懒得说，一副"有什么事就赶紧说吧"的态度。对待此类生性冷淡的客户，你的谈吐一定要热情，无论他们的态度多么令人失望，为了谈成交易，你千万不能泄气，主动而真诚地跟他们打交道，终究会使他们打破沉默的。

- 沉默型的客户

此类客户个性内向，沉默寡言，金口难开。你在向他们推销时，他们总是毫无主见，瞻前顾后，有时即使成竹在胸，也不想贸然出口。这种客户往往很礼貌，对你也很客气，他们绝不会采取不合作的态度，始终彬彬有礼，满面笑容，只是话很少，这时你一定要想方设法让他们开口说话。可是怎样才能让对方开口呢？这就要看你的口才了。例如，提出客户喜欢回答的问题或关心的话题等。跟这类客户打交道，你一定要有十足的耐心，提出一个问题以后，即使客户不立即回答，你也要礼貌地等待，等对方开口说话后，再提下一个问题。

总之，在销售时，对待不同性格的客户，一定要采取不同的说话方式。只有因人施策，因势利导，才能达成交易。

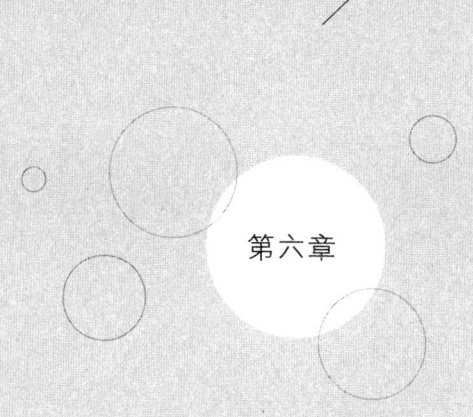

第六章

牵心：让客户跟着你的思路走

第六章

牵心:让客户跟着你的思路走

1. 用潜意识引导客户下单

"从小处去观察人性"是很有道理的。销售员的一举一动,哪怕是很细微的行为都会展现影响力。这些小动作会影响客户对你的看法,一瞬间的动作都会被客户放在潜意识的信息夹中,当客户需要对你个人做出评价时,这些信息就会被调出来成为其参考的依据。

当然,你也能通过潜意识去引导客户。你对客户的喜好了解得越多,你就越容易接近客户。因此,你要学会掌握客户的心理,在平时的接触中就开始去满足和引导对方的潜意识。另外,注意自己言行举止的细枝末节,让客户在他的潜意识中对你留下好的印象,关键时刻同样能起到重要的作用。

有一个十几岁的小女孩想买一辆电动车,妈妈要她自己去赚钱,她就利用暑假、寒假、周末的时间去卖巧克力,竟然在一年时间里销售了四万包。大家发现全公司没有人能卖出这么多巧克力,这个十几岁的小女孩只是兼职,竟然就打破了全公司的纪录。专家开始研究这个小女孩是怎么做到的,研究之后发现,小女孩用了对比原理,也就是一种利用人的潜意识的心理说服术。

她准备了一张价值一百元钱的彩票,每次向人推销时,卖的是彩票。她一开口就先自我介绍说自己想要买一台电动车,利用放假时间来卖彩票,对方花一百元钱,如果运气好可以赚到五百万元。她一直坚持说服对方,人们虽然很想帮她,但都觉得彩票太贵了。这时小女孩立刻拿出两包巧克力,做出一副很可怜的样子,说:"那这里有两包巧克力,三十元钱,你买吧?"立刻就会有人买了。

对比原理是一种潜意识说服术,将其应用于工作当中效果十分明显。小女孩就是运用对比原理,让客户用潜意识告诉自己:"三十元钱很便宜,应该购买。"所以,小女孩一下子就能卖掉两包巧克力。

一家鞋帽制造企业创立了一个运动鞋品牌,准备打开国内市场,但是产品推出后经销商反应平淡,结果导致大量库存积压。

后来,他们趁当地举办全国服饰展览会的机会,邀请了全国几百家经销商前来参展,路费、住宿等费用全包,果然引得经销商纷至沓来。

经销商来到当地后,该公司先安排他们参观展览会,然后安排他们游览当地的风景名胜。到第三天,该公司把他们集中到自己的工厂召开一个内部交流会。

第六章
牵心：让客户跟着你的思路走

会上，公司负责人曹总提出了一个请求："请大家协助我们在当地开一家我们企业经营的品牌连锁店。"之后，曹总把开店的费用逐项列了出来，大概要二十几万元。

这下所有的经销商都默不作声了。曹总见时机已到，立刻按计划提出第二个请求："如果各位觉得开连锁店有困难，那就以后再说，但现在还是先请各位带点货回去试销一下，如果销量好，各位对我们的品牌有信心，我们再谈连锁店的事。"经销商听到这个请求，觉得很容易做到，便纷纷答应了，并且对产品的价格也没有提出过多的意见。就这样，产品库存积压的问题迎刃而解了。

在上面的案例中，该公司老总提出的开连锁店只不过是个幌子，他知道没有人会冒这个险，因此他随后又把要求降低，从而达成自己真正的目的。

想要拿下客户订单，最好是让对方的潜意识去告诉他，他应该购买这个商品。当然这并不是一件容易的事，需要你去影响客户的潜意识，让他认为产品对自身很有帮助，不仅价格合理，效能也很高；让他感受到你很专业，很诚恳，很负责；让他觉得购买你的产品能够得到超值的服务。

实用妙招

- 用专业知识影响客户的潜意识

客户潜意识中需要的实际上是安全感。客户的表面需求会不断发生变化，而深层次的潜意识中的需求，也就是对安全感的需求并不会有太大的改变。在销售时千万不能流于形式，要想影响客户的潜意识，最好是让客户的潜意识去告诉他自己：这个销售员既专业又负责，向他购买商品能够得到超值的服务。当你用专业知识去征服客户，影响他的潜意识时，你就相当于一只手已经拿到了客户的订单。

• 用赞美和微笑接近客户的潜意识

人是有感情的生物，会由于情绪的波动而影响消费行为。在销售时，销售员的赞美和微笑往往能让客户在不知不觉中陷入"情感的旋涡"。有人说微笑是最好的国际语言，当微笑出现时冰山都会被融化，而微笑也正是接近客户潜意识的最好方法。此外，赞美往往也能接近客户的潜意识。发自内心的真诚赞美会令人心花怒放，一个失败的销售员会从一百个优点中找出一个缺点去批评，而一个成功的销售员能从一百个缺点中找出一个优点来赞美，这就是成功的销售员会创造更多价值的重要原因。

第六章 牵心:让客户跟着你的思路走

2. 让客户在你的设定中选择

人的思维模式存在一种倾向,那就是容易随着他人的思路走,尤其是当他人说的话能打动自己的时候。

这是由于人在思维上都存在惰性,尤其是在较为轻松或相对疲倦的时刻,此时人们对外界事物的判断没有原来那么敏锐,也不能对当前的情况做出更加合理的分析。人的这种心理特性带给销售员的启示是:你要学会牵引着消费者的思路走,这样才能够引导客户一步一步地走向你想要的结果。

有A、B两家面馆,店址在一条街的两侧,每天的顾客数量也相差不多,然而晚上算账的时候,A店赚到的钱比B店多出百十元来,天天如此。

这是怎么回事呢?原因就出在服务员身上。B店的服务员在顾客进店坐定以后,就给顾客盛上一碗面,并问顾客加不加鸡蛋,如果顾客说加，就给顾客加一个。加鸡蛋的顾客和不加鸡蛋的顾客大概各占50%。

可A店的服务员就不一样，虽然同样是问顾客加不加鸡蛋，但是A店的服务员问的是："您加一个鸡蛋，还是加两个鸡蛋？"喜欢吃鸡蛋的就要求加两个，不爱吃的就要求加一个。这样下来，在A店吃面的顾客至少会加一个鸡蛋。

因此，一天下来，A店就要比B店多卖出很多个鸡蛋。这样，两家店的盈利额也就完全不同了。

面对同样的问题，如果有很多选择，往往会让人不知如何入手。销售员让客户"二择一"的原理就在于在推销时既要给予客户选择的权利，又要适当缩小选择的范围，以最大化降低客户购物时的犹豫心态。

李明是一家汽车经销公司的销售员，有一天，他向一位准客户介绍一辆汽车，但是当他介绍完汽车的性能和价格之后，客户还是犹豫不决，不能下定决心在订单上签字。

"您喜欢两个车门的还是四个车门的？"

"啊，我喜欢四个车门的。"

"您喜欢这些颜色中的哪一种呢？"

"我喜欢红色。"

"您喜欢带调频式的收音机还是调幅式的？"

"调幅式的比较好。"

第六章

牵心：让客户跟着你的思路走

"车底部涂防锈层可以吗？"

"当然可以。"

"需要染色的玻璃吗？"

"那倒不一定。"

"汽车轮胎要白圈的吗？"

"不要，谢谢。"

"我们最迟可以在5月10日晚上6点将您喜欢的车交到您手中。"

"5月10日最好。"

"好的，请在这里签字，现在您的车可以开始组装了。"

就这样，李明运用"二择一"法则，成功地让客户在订单上签下了自己的名字。

如果你是某品牌服装的销售员，客户试穿了两件衣服之后，你应该怎样提问？

（1）您喜欢这两件衣服吗？

（2）请问您喜欢哪一件？

（3）两件衣服您穿起来都挺好看的，要不都拿着吧？

第一种问法是最不可取的，如果客户回答不喜欢，两件衣服基本上都没有成交的可能性了；第二种问法给客户圈定了范围，一定要选择一件，无论怎么回答至少有购买一件的可能性；第三种问法就更进一步，在锚定了购买数量的基础上，加入了赞美的语言，使客户更容易接受你的建议，在这种情况下，就算不能全部成交，至少购买一件的可能性也会很高。

不过,"二择一"法则是否每时每刻都能运用在销售中呢?不一定,因为有时客户也会再把问题反推给你。

实用妙招

综上,"二择一"法则的使用要注意以下两点:

- 要讲究时机和顺序

使用"二择一"法则的时间要适当,还没有进入销售的最后阶段,不要随意使用"二择一"法则。客户尚未了解你到底要跟他交流什么、推销什么,还未对你的产品产生兴趣,你突然问他想何时买你的产品,这样只会让你碰到一颗软钉子。

- 你要赞同客户的观点

在客户说出自己的想法的时候,你要先赞同他的观点,这样你才有机会继续往下说。值得注意的是,即使客户推诿的态度很明显,你也不要因此露出不悦的神色,甚至反驳他。你如果反驳了他的观点,那么也就堵死了自己的路。

总之,对于销售员而言,学会引导客户"二择一",对自己的销售行为只有好处,没有坏处。因此,你要好好地利用客户的惯性思维,尽快地达成交易。

第六章
牵心：让客户跟着你的思路走

3. 多替客户着想，做好关联销售

在产品销售过程中，销售员多考虑一个环节，能够抓住的商机就有可能更多。下面这个故事给我们带来的启发就是很有价值的。

有个年轻人到一家大型销售公司应聘销售员。经理让他先试着干一天，再决定是否录用。下午下班时，经理问他签了几单。

他说："只有一单。"经理十分失望，因为其他销售员可比他勤快多了，每天从早忙到晚，通常都能拿下四五个单。看来这家伙真是够懒的，可以让他走人了。

于是，经理漫不经心地问："你这一单销售额是多少啊？"

没想到年轻人回答说："28万美元。"

经理一听大吃一惊，很长时间才回过神来，有点不相信地问："28万……你是如何做到的？"

"是这样的，"年轻人说，"有位先生想买鱼钩，但并不知道自己应该使用什么样的鱼钩。因为他是新手，闲暇时间比较多，收入很高，对钓鱼有着浓厚的兴趣。所以我对他说，在海上和河中钓鱼用的工具是不同的。我先卖给他小号、中号、大号三种鱼钩，还有鱼篓、鱼竿、鱼线、遮阳帽、折叠椅。我问他去哪里钓鱼，他说打算去海边，所以我建议他买一艘船，就带他去了我们销售船只的分部，卖给了他一艘8米长的有两个发动机的船。那位先生的汽车拖不动这么大的船。我又将他介绍给汽车销售分部，卖给了他一辆新款的豪华车。他出手很大方，而且他的确需要这些产品。"

经理有些难以置信："只想买两个鱼钩的客户，你是怎么说服他购买那么多东西的？"

年轻人笑着说："不，经理，他只是从这里路过，进来问我明天的天气如何，我说明天的天气很好，又恰逢周末，为什么不去钓鱼呢？然后，我就把他需要的东西都介绍给他了！"

一天搞定一个28万美元的大单，这就是关联销售的神奇魔力——销售员向客户介绍与其所购买商品相关联的商品，既能一次性满足客户的所有需求，也能为自己带来更多的业绩。

我们再来分析一下上面故事中试岗第一天的年轻人是怎样只用一个订单就签下28万美元销售额的吧。客户询问天气情况，有可能是第二天打算去某个地方休闲娱乐，但还没拿定主意；客户说自己钓鱼是新手，说明他还没有钓鱼的全套用具；客户想去海上钓鱼，那正好需要一艘与他身份相符的游艇或帆船；而客户无法把船拉回家，又说明他需要一辆合适的汽车。

第六章
牵心：让客户跟着你的思路走

那个年轻人及时替客户想到并提供了相应的服务，客户当然会自然而然地签单。看来，第一天就搞定一个28万美元的订单，主要是源于他能多替客户着想。

面对这样一个潜在的大客户，如果你不思考、不询问、不关注客户的需求，那你能做的只不过是心不在焉地回复他一句"明天天气很好"，然后得到一个含有谢意的笑容。他转身走开了，带走的就是28万美元的没有机会成为现实的潜在订单。

其实，当客户自主选购了一些产品之后，销售员再做关联销售，客户通常都会不由自主地接受，认为销售员是在帮助他获得更加完美的服务。客户会购买销售员附加的产品，也是对他自己之前做出购买决定的自我认可。但是，如果在一开始就直接销售关联产品的话，客户肯定会有所抵触。

实用妙招

一般情况下，关联销售有四个关键时机：

- 上新款产品时

在客户购买产品时，销售员可以将新款的产品推荐给客户，以实现关联销售。

- 店内有相关配件时

客户购买的产品需要相关的配套配件时，销售员可以进行关联销售。

- 有促销活动时

促销活动是对客户进行关联销售的最好理由之一。客户在此时可以买到物美价廉的产品。

- 客户和同伴一起购物时

销售员在产品推销过程中，无视客户同伴的感受是很不明智的。优秀的销售员不但懂得讨客户同伴的喜欢，而且懂得在恰当时机说服他的同伴购买，这也是常见的关联销售。

在具体销售过程中，为做到关联销售，我们要注意以下几点：

（1）把握时机，必须是在客户已经确认要购买但是还没有完成付款时进行附加推销。

（2）给出一个简洁且能打动人的理由。

（3）推出一个一看就明白，无须做过多解释的产品或者服务。

（4）附加介绍的产品，通常是门店销售员有把握的产品，否则客户会把前面选定的产品一并放弃。

（5）介绍完附加的产品之后，请客户自主做出决策。

在整个销售过程中，你要谨记，当客户购买任何一件产品或一种服务时，都要先问问自己：客户最终想要的结果是什么？因为客户真正向你购买的并非产品和服务本身，而是它们能给他带来的好处或者能够解决的问题。你唯一的目的就是帮客户解决问题。

牵心：让客户跟着你的思路走

4. 引导话题转向自己期待的方向

如果客户和你高谈阔论，但话题并不是你想谈论的，那么你就需要将客户的话题转移到你的产品上来，这样你才能达到目的，否则，你和他聊了半天，也无法把这座"堡垒"攻下来。

有位法学教授，在大学讲堂上讲了一个故事，他说："有个猎人追逐一只狡猾的狐狸，狐狸以曲线形向前奔跑，猎人开了几枪都未击中。狐狸奔向一棵大树，钻进了树洞中。树洞的另外一个出口居然蹦出来一只野兔，猎人爱吃兔肉，就去逮兔子。兔子向前一蹿，跳入树丛中，猎人向着树丛开了一枪，'轰'的一声枪响后，跳出一头大黑熊。猎人又对准大黑熊开枪，发现枪内没子弹了，只好转身逃跑，他边跑边装子弹，幸亏大黑熊跑得慢，猎人转身补一枪，大黑熊终于倒在了血泊中。"

讲到这儿，教授看了看眼睛瞪得大大的学生们，问："怎么样？

很精彩吧！"

"真是太棒了，从一开始打一只狐狸，变成打死一头大黑熊。"有学生说。

"大黑熊可值不少钱呢！"很多学生议论着。

"猎人发大财了！"

又有个学生说："幸好大黑熊跑得慢，否则猎人早死了。"

教授看了看学生们，笑道："你们的想法都很好，但是为何没有一个人问：原来的那只狐狸呢？野兔呢？前面的主角到底怎么样了？"

然后，教授一本正经地说："你们要当律师，当法官，做检察官，就要防止被别人转移了焦点！"

的确，律师、法官、检察官因为工作性质特殊，必须防止被人转移了焦点。换一个角度看这个问题，作为销售员，你是否能通过巧妙地转移谈话焦点而达到自己的销售目的呢？当然可以。如果你想在与客户交流中占据主动性，获得发言权，不妨抛出你希望谈论的新话题，转移客户的目光，在不知不觉中甩掉旧话题。

不过，这一般会遇到一些困难。如果客户正在谈他感兴趣的事情，或者有意回避你的话题，而你突然打断他的谈话兴致，结果有可能是你不但没有获得发言权，还会引起他的反感。

是否有办法让你既获得发言权，又不会惹客户不高兴呢？当然有，正如上面的那个故事所讲，如果你突然将狐狸藏匿起来，猎人一时找不到狐狸，有可能会生气，但是如果你藏起了狐狸，却悄悄

第六章
牵心:让客户跟着你的思路走

抛出了野兔和大黑熊,他的注意力就被转移了,他就自然而然地追逐新的目标去了。

与客户交流也一样,如果他正聊得兴致渐浓,你直截了当地和他说"咱们谈点别的"之类的话,他必定心生不快。此时,你不妨从客户正在谈论的话题中引申出新的话题。

你可以用下面几种方式开头:

"记得您之前也说过……"

"您的话让我想到……"

"听您这么一说,我相信……"

随后引出完全不同的话题,让话题向着另一个方向行进,也不失为一种好办法。

"关于这件事,就像您所说的那样,的确是正确的,不过,关于另外一件事……"

"就像您所说的那样,这的确是一件很重要的事情,因此,我们会在谨慎的调查以后为您回答,在此之前……"

心理学研究表明,越是气氛紧张的场面,这种"转换法"心理战术越能奏效。这是由于人类的思考模式有一种倾向,当一个人处于极度紧张的心理状态时,如果突然给予其他方向的提示,他就会不由自主地将所关心的事情转向这个方向。

实用妙招

在销售时,如果希望自己的主张能得到客户的认可,就想方设法引导他，让他的思维跟着你走。一般有以下两种方法：

- 用攀比心理来引导客户

每个人多少都会有一些攀比心理。如果你能够利用这种心理来引导客户，那么事情就会朝着你期待的方向发展，从而达成交易。从消费心理学的角度而言，攀比是消费升级的重要力量。

- 满足客户喜欢被赞赏的心理需求

所有人都喜欢被赞美，即使有时嘴上不承认，但在潜意识里也是认可的。人之所以喜欢被赞美，是由于赞美能满足自我实现的心理需求，能体现自我价值。刚刚步入职场的销售员一定遇到过下面这种情况：自己已经使出浑身解数向客户推荐产品，却还是达不到想要的效果；而那些和客户谈笑风生，对产品只是一语带过的销售员却能最终征服客户。这是为何呢？关键就在于他们掌握了客户喜欢被赞美的心理，先满足客户的这种心理需求，再把话题引向自己想要的方向，因此收到了良好的效果。

第六章
牵心：让客户跟着你的思路走

5. 让客户多说"是"，少说"不"

美国心理学家阿弗斯特在《影响人类的行为》一书中说："一个'不'的反应，是很难克服的障碍。一旦一个人说出'不'字之后，因为自尊心，他便会固执己见。可能过后他会感到当时的'不'是不恰当的，但他必须坚持。因此，一开始让人持肯定的态度极为重要。"

很多刚入行的销售员在初次见客户时，不知怎样开口说话，好不容易找到了目标客户，想了半天才说出"请问您对我们的产品感兴趣吗""愿不愿意接受我们的服务"之类的问题。面对这样的问题，客户会本能地说出"不""没有"等词汇，一开口就否决了销售员，令下面的谈话无法继续。

出色的销售员能让客户的疑虑统统消失，秘诀就是尽量避免提及会让对方说"不"的问题，而在交流之初就让他说"是"。因此，在与客户交流以前，首先就要准备好让对方说"是"的问题。千方百计得到对方的第一句"是",是整个销售过程的关键。

心理学研究表明,一个人在说了"是"以后,就会很难说"不"。客户在说了多个"是"以后就形成了一种惯性思维,在随后的谈话中改变这种惯性思维就不是那么容易的事了,所以你如果能利用好这种惯性思维,那么交易就不会太远了。

下面这个案例中的詹姆斯就是一个善于让客户说"是"的高手,他让不想遵从规定的客户改变了想法,还办理了新的业务。

詹姆斯是纽约一家银行的职员。一天,有一位女士来到银行开户,詹姆斯照例让她填一些表。可是,这位女士显然不想这么麻烦,她有很多问题都不想填写。

以前遇到这种情况,詹姆斯会根据银行的规定对储户下"最后通牒",不过,今天他打算不谈银行的规矩,而是谈储户的需求。

"女士,是的,您拒绝填写的那些问题,并不是一定要填的。"詹姆斯笑着对储户说。

"我就说嘛,这些问题完全可以不填。"

"但是,"詹姆斯接着说道,"您把钱存在银行,到您百年以后,难道您不想把这个钱转移给您的亲属吗?"

"是的,当然。"女士回答道。

"难道您不觉得,"詹姆斯继续说道,"把您亲属的信息告诉我们,让我们在您百年以后能够准确无误地实现您的愿望,不是一个好的办法吗?"

她又说:"是的。"

第六章
牵心：让客户跟着你的思路走

当这位女士知道银行是为了她好以后，她立刻就把资料填好，还开了一个信托账户。

我们从这个案例中能够看到，当詹姆斯让客户开始说"是"的时候，客户就把他们之间的争执抛到九霄云外了。

因此，在一开始就让客户持肯定的态度非常重要。销售员在刚开始一定要先对客户强调，并且一直坚持强调你们具有相同的观念，从而营造认同感，俘获"上帝"的心，拉近与客户的距离。

实用妙招

那么，怎样让客户一开始就认同我们，总是说"是"呢？

- 与客户的行为动作同步

你想找到与客户的共鸣点，就要学会用客户的表征系统进行交流，然后有效地传递信息，减少其说"不"的机会。表征系统主要分为：听觉表征、视觉表征、感觉表征等。例如：销售员在与客户交流时，客户的眼神总是十分自然地扫过或停留在某一事物上，那么我们在沟通时，也自然而然地将目光放到该事物上。在共同的表征中，能够形成共同或相似的心境，双方就很容易沟通。

- 与客户交谈的语言同步

我国有句古话："话不投机半句多。"如果客户觉得与你交谈有分歧，后面当然就会说"不"了。那么怎样才能与客户实现语言的同步呢？首先要掌握客户常常用到的词语，掌握客户的语言特点，然后用相同或相似的词汇与其交流，就能产生较强的语言感召力。

- 多提出一些封闭式的问题

同开放式问题相比，向客户提封闭式问题，更能得到其肯定的答案。开放式问题是指那些没有明确指向性的问题，比如，"您明天上午有空吗？"如果你这样问客户的话，客户很有可能会说没空。如果在提问时给客户设定一个范围，比如，"您是上午十点有时间，还是下午三点有时间？"这就是封闭式问题。当你这样问的时候，客户就会被你的思路所牵引，思考自己是十点还是三点有时间。无论客户的回答是几点，对你来说都是肯定的回答。再比如，销售员不能问客户："您打算买汽车吗？"而应该说："您想要国产的汽车还是进口的汽车？"如果你问后面这种二选一的问题，你的客户一般就没有办法拒绝你了。

总之，销售员要把握好客户的心理，在销售时，一开始就让客户说"是"，把他引导到肯定的方向上来，让后面的谈话变得更容易，从而轻松成交。

第六章
牵心：让客户跟着你的思路走

6. 引导客户关注价值，而不是价格

趋利避害是人的天性。在销售中，我们可以引导客户关注产品价值，而不光是产品价格。当你游说客户关注价值的时候，他的第一个想法就是：你说的这些对我有什么好处？因此，在你的话最终落到"好处"之前，要先让客户看到好处。当他把你所说的价值在心理天平上衡量以后，感觉划算，他自然就能接受你的价格了。

口才大师卡耐基几乎每个季度都要在某家大酒店租用大礼堂30个晚上，用来讲授口才训练课程。

那年的第一季度，卡耐基刚开始开班授课时，突然接到通知，酒店要加租金，让他付比原来多两倍的租金。

接到通知时，卡耐基课程的入场券早已印好并发售出去了，就等开课。此时，要怎样才能打消对方"趁火打劫"的想法呢？一天之后，卡耐基找到了酒店老板。

"当我接到您的通知时,有点惊讶。"卡耐基说,"不过这不怨您。如果我处在您的位置,或许也会发出同样的通知。您是这家酒店的老板,您的职责是让酒店得到尽可能多的收入。如果您坚持要增加租金,那么让我们来讨论一下,这样做对您有利还是不利。"

对方说:"好啊。"

"先谈有利的一面。"卡耐基继续说,"如果大礼堂不出租给我们办培训班的而是出租给办舞会、晚会的,那您能够获得更多收入。因为这类活动举行的时间不长,他们能一次性付出很高的租金,比我的租金当然要多很多。租给我,您显然亏大了。"

酒店老板为卡耐基的体贴感到欣慰。卡耐基又继续说:"现在,来考虑一下不利的一面。首先,您增加我的租金,反而降低了收入。其实您等于把我撵跑了,由于我付不起您所要的租金,我势必再找其他的地方举办培训班。"对方沉默不语,但有些焦急。

"其次,还有一件对您十分不利的事。这个培训班将吸引成千上万的有文化、高学历的中上层管理人员到您的酒店来听课,对您而言,这难道不是不花钱的广告吗?实际上,如果您花8000美元在媒体上登广告,也不可能邀请到这么多人亲自到您的酒店来参观,可我的培训班帮您邀请来了。这难道不划算吗?"告辞时,卡耐基说了一句话:"请您认真考虑后再答复我。"

最后,当然是酒店让步了。

在这个故事中,卡耐基没有就价格与酒店老板讨价还价,而是从另一个角度强调合作的价值,即该合作能给酒店带来哪些实惠和

第六章
牵心：让客户跟着你的思路走

利益，对方认识到了合作的价值之后，对合作的欲望就越来越强了，对价格的思考就逐渐减少了。

在面对客户时，销售员总是会有这样的体会：价格是一个很敏感的话题，一旦谈论到价格，双方很容易陷入僵局。这时，你最好的方法就是多谈产品的价值，少谈价格。

实用妙招

那么，我们怎样做才能体现出产品的价值呢？

- 向客户展示产品的科技含量

比如，介绍产品所采用的领先或者进口技术，与竞争对手相比拥有的较强的产品性能等，能够让客户理解产品价格高一些的原因。

- 向客户强调产品标准化和高规格的服务

这也是削弱产品价格敏感度的方法之一，特别是对售后服务要求比较高的产品，如手机、电脑等。

- 给客户分析产品性价比

比如从用料、包装、性能等方面进行分析，让客户觉得物有所值。如果是耐用品，还可以通过分析产品质量来消除客户对价格的敏感度。

- 向客户强调产品背后的品牌保障

品牌意味着实力、信誉、安全和号召力，通常品牌愈大，定价的空间就愈大，这就是所谓的品牌溢价，客户如果信赖品牌，就会愿意为一个"放心品牌"下单。

7. 刺激客户主动"上钩"

在行为心理学中,人们将一个人因特定的强烈需求而产生的相应行为称作"钓鱼效应"。这是因为在钓鱼的时候,人们往往会将鱼饵放到鱼的眼前,让鱼产生一种特定的强烈需求,从而产生去吃鱼饵的行为,后果可想而知,对于鱼而言,这必定是一条不归路。

当然,要想钓到鱼,就必须把鱼饵布置在鱼的周围,当鱼产生强烈的吃鱼饵的欲望时,它就会立即采取行动——吃鱼饵。在销售时,我们应该运用好这种钓鱼效应,要让客户内心产生强烈的购买欲望,从而发生购买的行为,达到最终的成交目的。

工程师欧阳剑试图换一个新式的指数表,但他觉得这项支出必然会遭到项目经理的反对。欧阳剑思考片刻,便起身去找项目经理。他的腋下夹着一款新式的指数表,手中还拿着一些需要处理的文件。

当两人在讨论有关文件的问题时,欧阳剑便有意把那款指数表

第六章

牵心：让客户跟着你的思路走

从右腋夹到左腋，又从左腋夹到右腋，如此简单的几次交换后，项目经理终于开口问道："你腋下夹的是什么东西？"

欧阳剑漫不经心地答道："哦，那只不过是一个指数表。"

"能给我看一下吗？"项目经理问。

"哦，这个东西咱们用不着。"

欧阳剑收好文件做出假装要离开的样子，并说："这是另一个部门要用的。"

项目经理说："可我很想看一下。"这时欧阳剑故意装出一副十分勉强的样子，将那个指数表递给项目经理，当项目经理认真查看的时候，欧阳剑就在旁边很随意地把指数表的效用讲给他听。当项目经理听完讲解后，忽然兴奋地说道："哎呀！这正是我早就想要的东西！"最终，欧阳剑巧妙地运用钓鱼效应，成功地让这位项目经理换上了新式的指数表。

实用妙招

是什么原因促使钓鱼效应产生呢？你要掌握下面产生钓鱼效应的心理策略：

- 选择合适的诱饵

内心强烈需要的产生和诱饵有关。假如没有诱饵，客户也就不可能产生欲望。如果诱饵诱惑力不强，也不可能促使客户产生强烈的内心需要。因此，一定要精心选择能诱发客户需求的诱饵，否则钓鱼效应就不会产生。

- 激发人们内心的强烈需求

美国心理学家阿弗斯特曾在《影响人类的行为》一书中指出:"人类的行动产生于内心的需求。"因此,打动人最好的方法,就是激发对方内心的强烈需求。在销售中,能否激发客户内心的强烈需求与能否产生钓鱼效应有直接的关系。

第六章
牵心：让客户跟着你的思路走

8. 假设已经成交，将生米煮成熟饭

假设成交的方法，是指销售员在假定客户已经接受了商品价格及其他相关条件，同意购买的前提下，向客户提出一系列具体的成交问题。例如："您看，假设用了这套设备之后，你们能省很多电，而且成本也会降低，效率也提高了，不是很好吗？"假设成交的主要优点是能够节省时间，提高销售效率，适当减轻客户的成交压力。

下面来看一名优秀的服装销售员成功销售服装的例子。

当一位女士在试穿裙装看是否合身时，销售员李晶晶没有问"您要买吗"，而是领着女士到镜子跟前让她自己看。"您看，这衣服您穿上多么合身。"李晶晶边说还边扯了扯客户的衣角，紧接着说，"我们现在去量尺寸吧。"

李晶晶喊来店里的裁缝——仍没有忘记拉着女士的衣角——问

道:"您看,她穿着怎样?""很合身,我现在就为您裁剪。"裁缝说着,开始量尺寸,并拿起笔在衣服上画起来。

"腰部合身吗?"李晶晶问道。

"是的,这样很好。"女士答道。

"裙摆这么长,您看怎么样?"李晶晶又问。

"可以。"女士答道。

"您喜欢有反褶的裙摆吗?"李晶晶问道。

"不喜欢。"女士答道。

"这套衣服做好需要多长时间?"李晶晶问裁缝。

"星期三就可以来取了。"裁缝告诉女士。

"这身连衣裙很适合您。"李晶晶最后又说了一遍,并赞许地点了点头。

"跟我到丝巾厅来吧,我为您选一条配套的丝巾。"李晶晶说着,挽起女士的胳膊,走进了丝巾室。

在上面的案例中,销售员一次次巧妙地采取了假设成交法。从客户要照镜子到客户要量尺寸,又到要定制裙子,到最后要配丝巾,无一不是销售员假设的结果。

客户在这其中没有说出"不"字,也就是同意了。销售员明白此时这笔生意已十拿九稳了。

销售员在确认这桩生意能成交以前,一直没有停止采用假设成交的方法,到客户走出服装店时,她仍然没有停止推销:"请下次光临时一定再找我。"这里,她又一次地假设客户会再来。

第六章
牵心：让客户跟着你的思路走

实际上，由于销售员自始至终都在假设"客户要买这件商品"，其结果是：客户果然买了这件商品。这就属于一种心理定式。

实用妙招

这种方法的运用要注意以下几点：

- 运用假设法巧妙询问

只要稍作留意，你就能发现，像出租车公司、航空公司和酒店等在客户咨询预订车票、机票和房间时，常常提出这样的问题："您希望把这些费用记在您的万事达信用卡上，还是签证信用卡上呢？"向客户询问信用卡信息，就表示成交在望了。当然，假设成交的方法应该建立在能让客户接受的基础上。

- 运用假设法影响购买决定

在假定客户会购买的前提下进行推销，这种态度对于客户做出购买决定有着积极的影响。例如，某石油公司培训了一批销售员，他们走近客户时总是这样问："我给您加满××牌汽油好吗？"此处，销售员假定了两件事，客户需要的是满箱的汽油；客户需要的是本区域销售最贵的汽油。如果销售员只是问用户："您要加哪一种汽油？需要加多少？"不难想象，这种结果可能是你只能售出廉价的普通汽油。

- 避开主要问题，从细枝末节入手

在运用假设成交法时，销售员常常从一些枝节问题或后续问题展开。提此类问题也是基于已假定客户基本上做出了购买决定,但还没有明确表示出来。比如可以说:"您需要多少?"这些都是促使客户做出购买决定的恰当询问。

第六章
牵心：让客户跟着你的思路走

9. 提供"免费午餐"，诱导客户购买

对于"免费午餐"，在西方营销学书籍上的解释为：把产品免费赠送给潜在客户，供其使用或者尝试，进而让客户喜欢上商品，并诱导客户购买的一种促销方式。

20世纪初，有一位叫哈里的大富豪。他16岁时，在一个马戏团打工，主要工作是售卖柠檬饮料。有一次他在马戏开场前，给每位观众都免费赠送了一包加了盐的花生米。由于花生米有些咸，一些观众吃完后开始口渴起来。就在此时，哈里提着爽口的柠檬饮料挨座售卖，几乎所有拿过免费花生的观众都买了他的柠檬饮料。就这样，他的柠檬饮料全部卖完，并赚回了投资花生米的本钱。这就是所谓的"免费午餐"起到的效果。

每天下班，小王都会在路过小区农贸市场的时候顺便买点菜。

这几年来，小王形成了一个固定的买菜原则——只关心菜品的质量和是否缺斤短两，而对商贩的态度和性格一律不放在心上。出于同样的原因，小王也从不讲价，大家赚的都是辛苦钱，没有必要为难这些小商小贩。选菜，称重，给钱，小王不会让整个交易过程超过三分钟。也正因为如此，他在这个菜市场断断续续地消费了两年，但在小王和商贩的眼里，双方都只是一个陌生人。不过，这一切在三个月前被一个叫老周的人改变了。

第一次，小王偶然转到了老周的摊位前，看菜品还不错，买了。临走时，老周没说什么话，直接送了小王几棵香菜。小王也没怎么在意，毕竟送香菜这事比较常见。

第二次，还是出于偶然，小王在老周的摊位买东西。这次，老周送了小王一棵葱。

第三次，可能也是出于偶然（小王自己也不知道是有意还是无意地就走到了老周的摊位前），小王买了他的菜，这次他送了小王一块姜。

第四次，小王来买菜，老周送了他一头蒜。

当小王第九次来到老周的摊位前时，小王最终承认这并非偶然。因为一走进菜市场，自己就不由自主地向老周的方向望一眼，如果他在那儿，小王确实想不出有什么理由不买他的菜。尽管每次送的东西总是葱姜蒜中的一种，但小王明白，他已经成了老周的"债主"，而且小王还心甘情愿地认可了这笔债务。

"免费午餐"的神奇之处就在于，它在不知不觉中影响了客户

牵心：让客户跟着你的思路走

的消费判断，相信很多人都有过类似的经历。再回过头来看一下身边的事物，你就会发现，免费策略的运用已经渗透到了销售行业的方方面面。典型的例子有很多，如银行和学校合作，在邮寄大学录取通知书时免费赠送一张银行卡；在各家电信运营商那里都得到广泛推广的存话费送手机活动；等等。

实用妙招

- 诱导法

（1）此法在零售领域运用得比较多。一般是通过超低价或者免费赠送将客户引到一堆商品集合中，诱导客户对其他商品做出购买行为。这也是很多大型商场、超市将卖场结构设计得很繁复的原因，它们会使客户接触到尽可能多的商品，并买走它们。

（2）慎重选择作为诱饵的商品，判断标准是质量过关并能吸引大量的客流，这对后期的销售有很重要的作用。

（3）恰当布置诱饵商品的位置，让别的产品也以惊喜价的态势环绕在四周。

- 同情法

（1）此法利用了一个心理学上的观点——人们在接受他人恩惠后换位意识会得到大幅度的提高。例如，一个学生拿着班费到体育用品专卖店去买体育器材，销售员热情地跑前跑后，搬哑铃，在仓库中找一些特殊型号的护膝等，而最后该学生还是发现一些器材不太合适，但他出于对销售员免费热情服务的歉疚心理，尽管没有全部采购，也还是采购了一部分。

（2）在操作时，一定要呈现出两个方面的状态：第一，即便是免费服务，你也得做到保质保量；第二，让客户明白你的处境并不轻松，一直都有很大的销售任务压力。

- 打破客户心理平衡法

（1）先免费赠送系列产品中的某一件给客户，让该产品打破原有的组合，制造一种不和谐状态，进而刺激客户做出整体调整。比如，一家大型家具商，邀请了一部分客户参观产品，赠予每位客户一个制作精美的套件，包括一个餐桌和一个小凳子。客户带回家之后，会逐渐意识到与原来的家居风格很不搭调，如果这个套件足够吸引他的话，那么，一笔大单就此产生。

（2）确保赠送商品具有如下两个特点：足够精美、足够常见。前者是为了确保对客户的视觉冲击力，避免没把别人吸引住反倒先折了自己身价的情况出现。后者是为了不断地提醒客户他所处的环境有所不足，需要改变。

（3）与客户保持持续沟通，可以采取定期电话或家访的方式。

- 利用衍生产品获利

（1）此法的应用十分广泛，例如，当年的柯达将相机卖到了白菜价甚至完全免费赠送，然后通过售卖胶卷和提供后期服务大举获利。

（2）要确保衍生产品的利润足以支撑免费商品的投入。

（3）保持免费商品与衍生产品高度的契合性。比如说，柯

牵心：让客户跟着你的思路走

达送出去的相机，是不能安装其他公司的胶卷的。

（4）构建衍生产品和客户之间高效的连接通路。这一点尤其重要，在发给大学生话费卡的同时，运营商应该确保学校内最少有一个营业厅方便客户交费和办理业务。如果充一次话费都得坐公交车去的话，客户拿到手里的免费商品就是一块废品，毫无用处。

- 单一的赠送方式

（1）保持对客户免费攻势的持续性，而不是只免费一两次。

（2）给予客户的免费商品和服务不需要价格上吸引人，但一定要找准客户的兴趣点。比如客户有收集毛笔的爱好，那么在生活中就多留意一下，遇上了，就买下。

（3）内心深处不要抱有功利性想法，自觉地把频率调到与朋友相处的模式上来。

- 技巧性免费

免费商品或者服务的背后必须还有其他的附加或者隐藏条件。比如送手机的前提是必须存一定数额的话费，且选择特定的运营商。

10. 把客户注意力转移到产品上

销售员与客户沟通或者谈判的终极目的是把自己的产品销售给客户,而要达到这个目的的前提就是使客户关注你的产品,并愿意为此付费。无论销售员多么能说会道,如果无法将客户的注意力转移到产品上,令其产生兴趣,那么所有努力都只能成为无用功。

刘莉莉是一家食品公司的销售员。这天,刘莉莉选在客流量较少的时间走进一家大型的食品超市,她很认真地查看了每一件商品。这家超市的导购员很好奇,就问她:"你在干什么呢?"

"没事,这是我的职业病。"刘莉莉回答。

"什么职业病?你是做什么工作的?"导购员问。

"我与你一样,是个销售员,也向你们超市供应货源。"刘莉莉说。

"真的?那你看看我们超市还缺什么呢?"导购员问。

刘莉莉很认真地说:"你们的商品没有××巧克力,而这是一

第六章
牵心：让客户跟着你的思路走

种很受欢迎的巧克力。"刘莉莉的话引起了超市导购员的兴趣，两个人很热络地攀谈起来，最终，刘莉莉成功地拿下了这家超市××巧克力的供货单。

聪明的销售员用特殊的方式引起导购员的注意力，通过彼此相同的身份拉近了心理距离，在愉快的沟通中，很自然地把这家超市导购员的注意力转移到了自己的产品上来，既不显得冒昧，又达到了自己的目的。

20世纪，电还没有完全普及的时候，某电力公司的销售员史密斯向一个农村老妇人推销电力。

史密斯："您好！"

老妇人："又是一个销售员，你赶紧走吧，我不会买你任何东西的。"

史密斯："我不是来推销的，我是来买您的鸡蛋的。"

老妇人："买我的鸡蛋？"

史密斯："很多人都说您这儿的鸡蛋是这个地方最好的，我想买一些带回城里。"

老妇人："你为何不回城后再买呢？"

史密斯："城里的鸡蛋哪里有您这儿的鸡蛋好吃呢？您的鸡蛋又新鲜又有营养，我妻子最喜欢您这里的鸡蛋了。"

老妇人："哦，那你进来看看吧。"

史密斯走到鸡舍旁，说道："如果能用电灯照明的话，鸡蛋的产量会更高的。"

老妇人："真的吗？"

"您可以去一些养鸡户家里了解情况。"史密斯离开的时候，一只手中提了一篮鸡蛋，另一只手中拿着老妇人安装电线的订单。

那么，怎样具体操作才能将客户的注意力转移到产品上来呢？最有效的方法往往不是单刀直入，而是先从客户感兴趣的话题找到突破点，然后在愉悦的交流中抓住销售的有利时机。

出色的销售员可以通过巧妙的发问和聊天，吸引客户的注意力，在一种和谐的氛围中，让客户对自己的商品感兴趣，激发他的购买欲望，促成交易。

实用妙招

- 从客户的"兴奋点"入手

要想把客户的注意力自然而然地转移到你的产品上，刺激他的购买欲望，就必须想方设法把产品与客户比较关心的问题联系起来。比如，客户的孩子正在准备中考，销售员就可以同客户讨论中考这一话题。这样不但体现了自己对客户和孩子的关心，还能使客户在谈话的过程中释放内心的紧张和焦虑，与你产生情感上的共鸣，这时再伺机把话题转移过来，往往能够达成交易。

第六章
牵心:让客户跟着你的思路走

- "请"他的竞争对手来帮忙

每个人都想要战胜自己的竞争对手,因此,一旦涉及竞争对手的话题,客户难免会产生紧张的情绪,此时你可以结合自己的产品安抚一下他,帮助他分析这些产品在打败竞争对手上能给他带来多少帮助,客户必然会很感兴趣。直线进攻或许是理想中的最短距离,但往往不是最佳途径,当你改变思维,选择一种看似费时费力却能够让客户的注意力转移到产品上的间接方式时,你会有意想不到的收获。

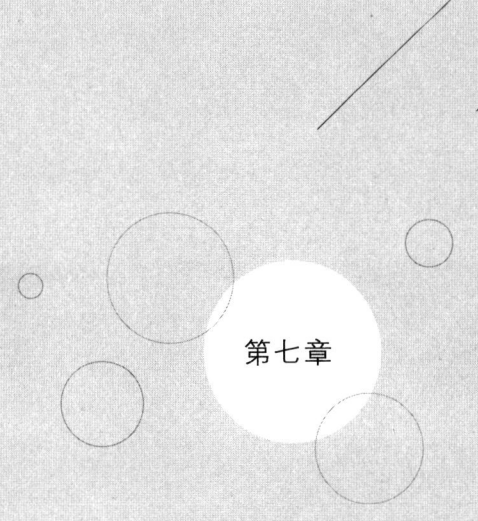

第七章

套心：销售中的"心理学诡计"

第七章

套心：销售中的"心理学诡计"

1. 让客户感到占了便宜

一到节假日或某些特殊的日子，超市、商场、电商等各大卖场都会不约而同地打出"打折促销"的旗号，以吸引更多的消费者前来购物，而折扣越高的店面，人流也就越大。很多人明明知道这是商家的促销手段，依然争先恐后地前往，以求买到比平时更便宜的商品。这是为何？因为"爱占便宜"。

爱占便宜是人类很常见的一种心理倾向，在生活中，物美价廉永远是大部分人追求的目标，用少量的钱买更多、更好的商品是绝大多数人的消费态度。

我们不妨看一个案例：

王女士在逛超市时发现一个让她很费解的现象。某知名品牌正在促销洗衣液，一袋800克洗衣液的价格是8.9元，而两袋的价格却是19元。也就说，客户一次买两袋还没有买一袋合算。她以为自己看错了,就叫来导购员询问,导购员明确无误地告诉她,这个价格是不会出错的。

通过和其他品牌洗衣液的价格进行对比,王女士断定,单袋洗衣液的价格肯定标错了,价格必定是高于9.5元的,她马上决定买一袋回家。她坚信,用不了多久,单袋的价格就会调整成正确的。

回到家后,她把自己在超市发现的奇怪现象告诉了左邻右舍,大家纷纷前去超市查看,也一致认同王女士的判断:单袋的价格必然会提高,要不那两袋捆绑在一起的怎么会是促销产品呢?他们在离开超市时,都各自买了一袋洗衣液回家,有人甚至买了好几袋。

过了一星期,价格依然没被改正过来。最早发现这个现象的王女士开始怀疑自己当初的判断:作为全国知名品牌,一定有着严格的价格管理制度,这么久过去了,还没调整过来,那只能说明自己的判断有问题,或许这个价格的背后隐藏着其他玄机。

她花了一天的时间来观察这种洗衣液的销售情况,前来购买的人摩肩接踵,大家都觉得是标错了价格,购买就是占了便宜。这下她彻底明白了:原来商家就是要让客户产生占便宜的心理,最终使销售量得到增长。

因此,面对此类客户,销售员可以利用这种占便宜的心理,通过一些方式让客户感觉自己占到了很大的便宜,从而心甘情愿地购买。

以前,有一家服装和布匹专卖店,店里有一件非常珍贵的貂皮

第七章

套心：销售中的"心理学诡计"

大衣，由于价格太贵，一直无人问津。后来店里招来了一个叫阿文的新伙计，阿文说自己能够在一日之内把这件貂皮大衣卖出去，老板不信。

阿文让老板配合他的安排，无论谁问这件貂皮大衣卖多少钱，一定要说是六百两银子，而其实它的原价只有二百两银子。

两人私下商量好之后，阿文就站在前面打点，老板在后堂算账，一下午很快过去了。快要打烊的时候，店里进来一位女顾客，在店中转了一圈后，看好了那件卖不出去的貂皮大衣。她问阿文："这大衣多少钱啊？"阿文假装没有听见，自顾自地忙手中的活。女顾客提高嗓门又问了一遍，阿文这才装作反应过来。

他对女顾客说："很抱歉，我是新来的伙计，听力有些差，这件大衣的价钱我也不知道，我先问一下老板。"说完他就冲着后堂大喊："老板，那件貂皮大衣多少钱？"老板回答说："六百两！"

"多少钱？"阿文又问了一遍。

"六百两！"声音很大，女顾客听得真真切切，心里觉得太贵，就想转身离开。

而此时阿文憨厚地对女顾客说："老板说二百两！"女顾客一听顿时欣喜异常，认为肯定是阿文听错了，自己少花四百两银子就能买到这件大衣，不禁乐开了花，又担心老板出来就不卖给她了，于是付过钱以后就匆匆地离开了。

店伙计阿文正是利用女顾客想占便宜的心理，成功地把貂皮大衣卖了出去。利用客户的这种心理，销售员适时地表现得大方一点，让对方感觉自己占了便宜，就会获得意想不到的收获。

用尽可能低的价格获得尽可能多的回报，这种占便宜的心理特点支配着大部分人的购买行为，这也正是商机之所在。也就是说，如果你能让客户有占便宜的感觉，那么客户就相对容易购买你的产品或服务。

有一对农村夫妇来到城里开了一家面食店，专营包子、馒头、大饼等食物。两人将店面装修得很整洁，包子、馒头、大饼等做得很好吃，开张仪式也算隆重。但是，不知道为何，他们的店鲜少有人光顾。

做买卖讲究的是开业大吉，这样以后才会有生意，然而，开张的这天一个顾客都没有，以后可怎么办？就在夫妇二人心情焦虑的时候，从远处走过来一个年轻人，年轻人拿着书，边走边读，向他们的面食店走了过来。夫妇二人看到顾客来了，赶忙起身迎接，说："您是我们店的第一个顾客，为了图个吉利，我们决定让您免费吃，想吃多少吃多少。"老板娘还特意泡了一杯茶，送了过来。

年轻人也没说什么话，边吃边喝，等到吃饱喝足之后，要付钱，可是夫妇二人怎么也不肯收。老板执意不收钱，年轻人只好作罢，他看了看店里，说："老板这么热情，我也就不客气了。但我总得为你们做点什么吧？"

夫妇俩一听，感到很好笑：你一个学生，能为我们做什么呢？后来又一想，说不定他还真有点什么本事呢！于是，老板说："我们今天是第一天开张，可是没有人光顾，您是唯一的顾客。您能给

第七章

套心：销售中的"心理学诡计"

我们宣传一下，招揽几个人就好。"

年轻人一听，说："这好说，拿纸笔来，我给你们写几句广告，就能招揽顾客了。"夫妇二人感觉很失望，本来觉得年轻人可以帮忙的，没想到只是写个广告。不过，既然他要写，那就写吧。于是，他们拿来了笔和纸。

夫妇二人觉得这个广告没有什么作用，就去忙自己的事情了。年轻人也不介意，他写好广告，贴在店门上，就离开了。

没想到广告贴好以后，不一会儿就来了很多顾客，不到一个小时，包子、馒头、大饼就都卖完了。夫妇二人乐开了花。

夫妇二人这才想起了年轻人写的广告，好奇地来到门口看了起来。他俩看完后都笑了，原来广告上写道："各位顾客，本店今日逢吉开业。昨天，由于紧张忙乱，老板娘不小心将一枚金戒指揉进了面粉里，找了很久也没有找到。大家吃本店的包子、馒头、大饼时，一定要小心。如果顾客吃进肚子造成事故，本店负责承担一切费用；如果哪位客户找到了戒指，那么，就当作礼物相送，无须归还。"

面食馆开张的第一天，尽管店主夫妇举行了隆重的开张仪式，并且他们做的包子、馒头、大饼都很好吃，但是无人问津，可见，常规的销售方法无法激起人们的购买欲。那个年轻人的广告则起到了非常好的效果，使店里的食品销售一空。其实年轻人就是利用了人们爱占便宜的心理，通过虚构戒指掉入面粉的事件，让顾客有了侥幸获得戒指的想法，于是顾客蜂拥而至。由此可见，在销售时，销售员可以巧妙地利用这种心理，促进销售。

实用妙招

在实际操作中,销售员可以采用多种方式让客户产生爱占便宜的心理,具体如下:

- 积分

积分优惠又称商业贴花,大体上分为两种方式:客户收集购物凭证、积分点券等,达到一定数量就能兑换赠品;客户重复多次购买某商品或光顾某连锁店,就能够享有优惠。这两种方式的终极目的都是为了让客户多光顾该店和购买该店的商品。

- 优惠券

优惠券可以分为礼品券、现金券、换购券等,如今随着各种社交媒体的普及,也可以按照介质分为银行卡优惠券、手机优惠券、电子优惠券、纸质优惠券等。赠送优惠券能够让客户节省开支,引起他们的购买欲,也能够刺激潜在的消费者。

- 赠品

赠品的最终成本都要从客户的利润中扣除,但在客户眼中,买到商品是一回事,商家送赠品是另一回事。其实商家在销售刚开始时或者在销售的过程中,通过赠送一些精美的礼物能够在很大程度上提高效益。比如,开在学校门口的小超市,每逢教师节都会推出赠送老师礼物的活动,所以每年教师节这一天,很多老师都会带着教师资格证到这个小超市买东西。事实证明，通过这种活动，该超市在这一天的净利润往往是平常的两倍。

- 打折

打折恐怕是商家和销售员吸引客户最常用的方法。这种方法之所以常见、常用，是因为它能够起到立竿见影的效果，客户一看就明白。在打折方面也有一些技巧，就是以"9"结尾的价格往往会让客户对减价的感知更为强烈。以一件价格为200元的服装为例，降价为189.9元就比降价为190元更有吸引力，尽管两者只差0.1元。这种营销方式通常被称为"尾数定价策略"。这种策略会给客户一种心理暗示，即当前的价格在原价的基础上打了折，所以会更便宜。此外，尾数定价策略还能让客户觉得这种价格更精确，更值得信赖。

2. 让客户患上所有权依赖症

"所有权依赖症"的意思是，当你将一件商品带回家以后，它就像是家中财产的一部分，之后你往往不愿意归还而更想购买该商品。例如，父母带孩子们去逛街，路过宠物店，孩子们围着小猫不忍离去。店主和小孩家长认识，慷慨地说："孩子喜欢，把它带回家去玩两天吧。如果你们不喜欢它了，周一早上再把它送回来就可以。"谁能抵挡住这种诱惑？于是孩子们欢天喜地将小猫带回家了。通过两天的亲密接触，他们在不知不觉中发现，这只猫已经属于他们了。还给店主的想法，被分离的痛苦战胜了。

由此，我们能够得出这样一个结论：相对于获得，人们更不乐意放弃已经属于他们的东西。对于销售员而言，只要你能使客户接受"不满意七日可以退货"的商品，那么，"所有权依赖症"就开始在客户身上起作用了，这件商品也就基本上卖出去了。

第七章

套心：销售中的"心理学诡计"

聪明的飞机销售员史蒂夫在对某石油公司做了全面的了解之后，决定给石油公司总经理比尔打电话，向他销售喷射引擎飞机。可比尔认为石油公司负担不起购买飞机的这笔费用。

史蒂夫灵机一动，对比尔说："比尔先生，我们有一架非常适合您用的飞机，我想让您试乘一下。"比尔经一番考虑后接受了这个提议，尽管试乘的效果很满意，但他还是认为没有必要买下这架飞机。

对于这个结果，史蒂夫对他说："比尔先生，我们七日内不会用到这架飞机，您可以留下它，把它当成您自己的飞机使用吧。您不需要付任何费用！"这当然是难以拒绝的提议，因为石油公司无须承担任何责任。刚好这段时间，比尔必须往返各地，而这架飞机能让他更有效率地执行任务。

一个星期过后，史蒂夫回来试图做成这笔交易时，比尔仍然无意买下这架飞机。史蒂夫便对他说："由于我们这个月都不会用到这架飞机，您可以继续留下它，把它当成您自己的飞机使用吧。"见比尔欣然接受了这个建议，史蒂夫知道这个单子已经差不多成了，他赶回公司后就把协议准备好了。一个月之后，比尔已经有些离不开这架飞机了。

试用期限到了，史蒂夫却并没有急切地拿出自己事先准备好的协议，而是告诉比尔要取回他的飞机了。比尔对他说："你说'你的飞机'是什么意思？"很显然，比尔已经离不开给他提供舒适旅程的飞机了，而史蒂夫也就很"难为情"地拿出了销售协议……

作为销售员,如果你能够做到让客户依赖你的商品,就是一种成功。当你走在沙漠中,水用完了,太阳很晒,如果此时有人过来卖饮料,哪怕可乐要两千元一瓶,你也会买下,因为那不仅仅是一瓶可乐,更是救命的东西,它的价值远远超过两千元。

美国有一家公司专门经营煤油和煤油炉。公司成立之初,大肆发布广告,极力宣传煤油炉给人们带来的诸多好处,然而收效甚微,其产品几乎无人问津,货物大量积压,公司濒临绝境。

有一天,总裁突然灵机一动,让职员们登门向住户免费赠送煤油炉。职员们疑惑不解,还以为总裁愁疯了呢,但看着总裁志在必得的样子,只得依令而行。

住户们喜出望外,很多人竞相给公司打电话,索要煤油炉。不久之后,这家企业的煤油炉就被一送而空。

当时,炉具还未现代化,人们做饭大多使用木柴和煤。此时,煤油炉的优越性明显地体现了出来,家庭主妇们甚至一天也离不开它了。

很快,煤油用完了,这回人们只能自己去买,这家企业也不再赠送。当时煤油价格不便宜,但已离不开煤油炉的人们,无奈之下也只得自掏腰包了。

再后来,煤油炉也逐渐用旧、用坏了,于是人们只好重新买新的。这家公司也因此奇迹般地起死回生了。

这就是"所有权依赖症"所起到的作用,当你将商品做成了人

第七章
套心：销售中的"心理学诡计"

人都离不开的东西，还愁卖不掉它吗？

实用妙招

利用"所有权依赖症"时要保证一点，你的产品要有持续升级的价值或者物超所值的使用效果。在这个条件下，我们可以这样做：

• 让客户试用产品

销售员要想方设法让客户行动起来——请他们免费体验。当客户试用的时候，他们会觉得自己已经是产品的主人了，而这恰恰是销售员期待客户产生的感觉。你要让他们逐渐习惯拥有产品，一旦他们习惯了，那么离成交就只有一步之遥了。

• 为客户赠送产品

有时为了吸引客户，打开销售通路，你不妨暂时做做"亏本"的买卖。在把握商机以后，先是给予，等客户认可你的产品、习惯你的产品以后，他们就会主动找上门来，利润自然也会滚滚而来了。

3. 逐步提出要求，不断缩小差距

人们在面对无法做到的或违背自己意愿的请求时，选择拒绝是十分正常的事情，可是对于那种难以找到拒绝理由的小请求，就容易出现同意的倾向。

人们一旦同意了这个小请求，再面对更大一些的请求时，如果选择拒绝，就会出现认知上的不协调，为了避免这种不协调，人们就会继续选择同意。

这种现象被称为"登门槛效应"，如果销售员能熟练运用这个效应，一定会对销售工作起到帮助。

当一位男士遇见一位自己心仪的姑娘，如果他立刻单刀直入地提出要与对方结百年之好，恐怕姑娘会在惊讶之余对其避之不及。大部分男士不会这样莽撞冒失，他会邀请她一起吃饭、逛公园、逛街、看电影等，这些小要求实现以后，才顺理成章求婚。

于是，"登门槛效应"就发生作用了，一只脚都迈进去了，又

第七章

套心：销售中的"心理学诡计"

何必在意整个身体都进去呢？

一个饥寒交迫的流浪汉来到一个有钱人家门口行乞，管家上前打算赶走他，这个流浪汉对管家说："您能让我进去暖和一小会儿吗？只要让我把衣服烤暖和，我就知足了。"

管家想，这小小的请求算不得什么，就让他进了屋。流浪汉进到有钱人家以后，又向这家的厨子借了一口锅，表示自己要用这口锅煮点"石头汤"喝，厨子十分好奇他如何做石头汤，便借给他一口锅。

流浪汉掏出一块在路上捡到的石头，洗干净后放进锅中煮。紧接着，他又对厨子说："这石头汤中需要放点盐。"厨子觉得放点盐也没什么，就给了他一点盐。流浪汉把盐放到锅里之后又说："这汤如果放点蔬菜，味道会更好的。"厨子觉得蔬菜也没什么，就给了他一些蔬菜，流浪汉把蔬菜放进锅里煮了煮，又说："若能有些肉糜，这汤就会是天底下最好喝的汤了。"厨子又给了他一些肉糜，他将肉糜也放进了锅里。

不一会儿，流浪汉的石头汤终于熬好了，他凭借一块石头喝到了食材丰富的肉汤。流浪汉一步步地提出要求，最终达到了目的。

假如这个流浪汉在一开始就对管家说"给我一碗肉汤吧"，必定会遭到拒绝。同样的道理，如果销售员一开口就宣传产品，并游说客户埋单，也必然会遭到拒绝，循序渐进地对客户提出要求，对于销售员而言的确很管用。

人们在商场选购衣服时，通常会出现"买与不买"的犹豫，这个时候,销售员会建议客户先试穿一下衣服看看效果。对于这种建议,人们一般不会拒绝,于是便决定试穿。当衣服穿在了客户身上后,销售员就会说出"你穿起来的确很漂亮""这件衣服很适合你"等夸赞语,到了这个时候,大多数人都不好意思脱下衣服直接离开,而是在夸赞声中买下衣服了。

有家企业计划提高产品价格,但是企业高管明白,贸然提价必定会引起客户的反感。那么,怎样才能在不引起客户反感的情况下提价呢?

经过讨论以后,企业高管决定运用"登门槛效应",先把一部分产品包装一下变成"新"产品,然后在"新"产品推出后,将其余部分产品更改为"预定销售"产品。想购买"预定销售"产品的客户,必须先登记并预先付款,等一周以后才能拿到产品。而且,"预定销售"产品的购买数量有限。"新"产品则不同,客户交钱后立刻就能拿到产品,且不限制购买数量,只不过"新"产品的价格要高一些。

很多客户都不想花时间等"预定销售"产品,还有一些客户需求量大,不愿意受到购买限制,这样一来,就有很大一部分客户选择购买"新"产品。不久之后,该企业终止了"预定销售"产品的供应,全面销售"新"产品,由此,产品提价在没有引起客户反感的情况下顺利完成了。

在销售时,这种步步为营的策略总能在不经意间让销售员与客户做成一笔买卖。在大多数情况下,客户答应了你的第一个请求,

第七章
套心：销售中的"心理学诡计"

就能答应你的第二个请求，对于后面更大的请求自然也不会拒绝，这就是大家常说的"好的开始是成功的一半"。

实用妙招

"登门槛效应"在销售中的应用，主要体现在对时机的把握上。首先，你必须了解客户消费行为的整个过程，一般而言，这个过程分为以下几个阶段：

- 兴趣阶段

有些客户在浏览商品时，如果发现目标商品，就会对它产生兴趣。这时，他们会注意到商品的包装、功效、产地、质量、价格等因素。当客户对一件商品产生兴趣以后，他不但会以自己的主观感情去判断这件商品，而且会加上客观的条件，以做出合理的判断。

- 联想阶段

客户在对自己感兴趣的商品进行研究时，会自然而然地产生有关商品的功效及它有可能满足自己需求的联想。联想是一种由当前感知的事物引起，并对与之有关的另一事物的思考的心理现象。客户对感兴趣的商品产生联想，可以让客户更加深入地认识商品。

- 欲望阶段

当客户对某种商品产生联想以后，他就开始想要这件商品了，但是这时他会产生疑虑："这件商品的功效到底怎样？还有没有比它更好的？"这种疑虑和愿望会对客户产生微妙的影响，使得他尽管有很强烈的购买欲望，但不会马上决定购买。

- 评估阶段

客户在拥有了购买欲望之后，主要进行的是对产品功效、质量、价格的评估，他会将其与同类商品进行比较，这时销售员的建议至关重要。

- 信心阶段

客户做了各种比较以后，有可能决定购买，但也有可能失去购买信心。这可能是因为：商品的包装陈列或销售员促销方法不当，使客户觉得无论怎样挑选也不能挑到满意的商品；销售员专业知识不够，总是以"不清楚""不知道"回答客户，让客户对商品的质量、功效不确定；客户对卖方信誉没有信心，对售后服务质量不敢确定。

- 行动阶段

客户决定购买，并对销售员说"我想买这个"，同时结清货款，这种行为对销售员来说叫作成交。成交的关键在于销售员能否巧妙抓住客户的购买时机，如果失去了这个时机，就会前功尽弃。

- 感受阶段

购后感受既是客户本次购买的结果，也是下次购买的开端。如果客户对这次结果满意，他下一次就有可能再光顾。

4. 已付出的成本让人难以终止消费

人们在决定去不去做某件事情时,不但会分析这件事对自己是否有好处,也会关注自己在这件事情上是否付出了金钱、时间、精力等资源。已付出且无法挽回的成本会影响一个人后面的决策与行为,这常常导致人们做出不理性的决定,并且会影响人们的观点与看法。

康奈尔大学有两个网球场,一个在室外,另一个在室内。

学校网球队员在室外场地打球是免费的,但使用室内场地要按每小时 15 美元付钱。每年 9 月,室内场地就会开放。这时候,定期打球的人就会交纳预订费以便让学校每星期为自己保留一个小时的场地。而在这个季节,如果阳光明媚,人们更喜欢选择户外场。

有一名助教预订了 9 月 20 日上午 10 点至 11 点的室内场地,然而到了这一天,他觉得更适合在室外打球,但又舍不得浪费已经支付的15美元室内场地费。

对于这样的两难选择,你会怎么办?测试结果显示,为了不让已经支付的15美元浪费掉,大多数测试者会选择室内场地。

在那一个小时之内,无论这名助教选择在室内场地打球、在室外场地打球还是不打球,付出的费用都是一样的。这15美元是已经沉没的成本,而且无法挽回,不该继续影响人们的选择。但大多数人的最终决策不但花费了15美元,还失去了享受室外打球的机会。

请想象一下,假如你用800元钱买了一双你很喜欢且时尚的运动鞋(假设不能退换),买回家之后却发现它太小,你穿着很不舒服。面对这种情况,你会继续穿这双鞋,还是将其送给别人?假如这双运动鞋不是你自己掏钱买的,而是亲友送的,你又会怎样处理呢?

如果理性地分析,鞋子只是穿在脚上走路使的,舒适性是最主要的考量因素,获得途径是次要的,那么,无论是自己买的还是亲友送的,如果不合脚,就必须放弃。然而,人们的选择却并非如此。据统计,如果是自己花钱买的,大多数人会选择忍受鞋子带来的不舒适感;如果是别人送的,大多数人会选择把鞋子转送他人。因为放弃了这双鞋子,就等于放弃了自己投入的800元购买成本。为了避免损失,人们宁愿选择忍受不舒适感。

这种人们不愿意放弃已付出成本的现象,被称作"沉没成本效应"。

很多情况下,人们不想放弃已付出的成本,而会选择继续投入,

第七章
套心：销售中的"心理学诡计"

以期待结果发生改变。

实用妙招

销售员可以把"沉没成本效应"运用到销售活动中，用"已付出成本"说服客户选择自己的产品与服务。具体可以采取以下策略：

- 向客户推荐已购买产品的配套产品

如果客户购买的产品无法被充分地使用，那就等于浪费了为该产品付出的成本。例如，一位先生买了一条领带，却发现没有与其搭配的衬衫，如果不购买衬衫，这条领带也就无法戴出去。那么，为购买领带所支付的费用、时间等成本就成了沉没成本。为了让已付出的成本不成为沉没成本，客户需要购买一些与其配套的产品。因此，销售员可以在客户已购买产品的基础上，向他们推销一些配套的产品，以此来促进销售业绩。

- 突出低成本优势

销售员不仅可以将价格作为突破口，还可以从客户需要付出的精力、时间等方面与其他同类竞争者做比较，把客户所需要投入的全部成本累加，以体现你的低成本优势。因为提供同类产品与服务的竞争者众多，只有从对比中体现出低成本优势，才能赢得客户的青睐。

5. 让客户认为产品与自己有关

在美国备受欢迎的马戏团表演人巴纳姆曾说:"我的节目之所以受到观众的青睐,是因为节目中蕴含了每个人都喜欢的成分,所以每一分钟都会有人'上当受骗'。"

销售工作也是如此,如果产品的简介中包含了每位客户的购买理由,那么,客户自然愿意选择该产品。

在介绍原理以前,我们先了解一个很有趣的现象。如果你做过一些心理测试,浏览过一些星座运势,你会吃惊地发现,它们所呈现的结果很符合你的实际情况。但事实上,心理测试只有在确保可信度与有效度的情况下,得到的结果才会准确,而那些自娱自乐性质的心理测试根本不能保证可信度和有效度,测试结果没有现实意义。

既然这种心理测试是伪科学,没有什么用,为何人们依然觉得测试结果与自己的情况很吻合呢?其中的秘密就是心理学上的"巴

第七章

套心：销售中的"心理学诡计"

纳姆效应"。

20世纪40年代末，有一位叫伯特伦的大学教授设计了一个不同寻常的实验——要求选修他开设的心理学课程的学生们进行一项性格测试。一周之后，他给每位学生发了一张卡片，并告诉学生卡片上面有根据他们的测试分数得出的性格描述。他让学生们看一下，然后根据描述的准确性给测试结果打分。其中，1分代表一点都不准确，6分代表十分准确。

10分钟之内，伯特伦的学生们都仔细看过了自己拿到的卡片，并依据描述的准确性打了一个分数提交了上去。结果发现，87%的学生给出的是5分或者6分。这一结果表明，大多数学生都觉得测试结果是准确的。

伯特伦教授通过实验结果推断，人们过于相信含糊其辞的描述。在实验中，伯特伦教授并没有对他的学生们说实话，他发给学生们的性格描述并非据他们的测试分数得出的，而是来自他几天前看到的一本星座书。

他大致浏览了一下这本书，然后从不同的星座说明中挑选了十句话，拼凑成了一段文字。

也就是说，他发给每位学生的性格描述都是相同的：

你有许多梦想，其中有一些相当不切实际。

有时你很外向，很有亲和力，也喜欢与人交往；但有时你又很内向，比较谨小慎微，而且沉默寡言。

你期望得到周围人的喜欢和欣赏。

你向往绚丽多彩的美好生活，在遇到约束或限制的时候，就会感到不满。你很自豪自己是一个有独立思想的人，不会轻易接受他人的意见或建议，除非对方有令人信服的证据。

你很坦率，但有时候也会认为在和他人沟通的过程中直言不讳并非明智之举。

你很自信，但有时候会强烈地怀疑自己所做的决定或者已经做完的事情是否正确。

你与异性交往有些障碍，虽然表面上显得很从容，但实际上你的内心焦虑不安。

你在某些方面的能力还没有得以充分发挥，因此它们还没有变成你的优势。

尽管你在性格上确实有一些弱点，但你一般都能够设法弥补。

你有自我批评的心理倾向，所以你对自己的要求比较严苛。

看到上面这些话，很多人会觉得这些描述与自己的实际情况相符。事实上，不止你会觉得这些描述与自己吻合，大多数人都会有同样的感受。

哪个人没有梦想？谁又能完全实现自己的梦想？哪个人不愿意得到他人的欣赏和敬慕呢？哪个人不会怀疑自己做出的重要决定是否正确？哪个人没有弱点？因此，虽然实验中的测试结果仅是一个笼统的描述，但是与大多数人心中所想吻合。20世纪50年代，心理学家保罗·米尔把这个实验结论以魔术师巴纳姆的名字命名，称为"巴纳姆效应"。

实用妙招

运用"巴纳姆效应"时要注意以下几点：

- 扩大适用人群

在宣传产品的时候，除了介绍产品的重要用途，还可以将适用人群放大，使用一些笼统的词句来描述产品。比如，产品能够满足客户的安全感，而每个人都需要安全感。

- 激发客户需求

我们可以利用"巴纳姆效应"来唤醒客户的需求，激发客户的购买欲。比如，产品能够令人们体验到愉悦感，这样就能激发每个人的需求，产品也变得和每个人都产生了关系。

6. 让客户自己说服自己

在销售时,怎样才能将自己的产品顺利卖出去呢?对于销售员而言,不但要学会说话,还要学会让客户替你说话,让客户自己说服自己成交。

一家汽车销售公司正准备采购一批轮胎。多个厂家都想得到这笔数额巨大、利润空间充足的订单,经过激烈的竞逐,确定了5个能够接下这笔订单的厂家。由于这5个厂家实力旗鼓相当,产品的质量也不分上下,汽车销售公司难以抉择,于是就通知这5个厂家到公司来商讨细节问题。

5个厂家都知道这次要一锤定音了,在来之前都准备得很充分。

当天,5个厂家的销售代表都准时到达现场,与汽车销售公司的负责人进行沟通。在会议中,其中4个厂家的销售代表积极发言,将他们企业的产品特点和服务态度一一介绍清楚,给汽车销售公司

第七章

套心：销售中的"心理学诡计"

留下了良好的印象。

而轮到最后一个厂家选派的销售代表史密斯发言时，他一句话也没有说，只是向大家鞠了一躬，接着拿出一张纸给负责这次竞标的主管柯林斯看，上面写着：

"各位，由于我最近得了咽炎，无法讲话，为此我感到非常抱歉。为了不影响竞标，我们公司产品的资料我全部准备好了，如果哪位愿意代劳替我介绍一下，我将万分感激。"

柯林斯将纸条上的话读给大家听，并翻起了史密斯所带来的资料，边看边给大家做起了介绍。结果，史密斯代表的厂家获得了这次合作的机会，拿下了这笔订单。

史密斯保持沉默，让柯林斯向大家介绍资料，从而使柯林斯自己首先掌握了史密斯公司的产品信息。在史密斯的资料里，清楚地列举了产品的利弊，令人一目了然，既减少了柯林斯整合信息的时间，也让柯林斯对产品有了更加清楚的了解，不但方便了柯林斯的发言，也使柯林斯站在了史密斯的战线上，使史密斯拿到了这笔订单。

实用妙招

- 让客户充分了解所有信息，自己做决定

不管你要说服客户买什么，都必须先让客户了解相关产品的详细信息，比如产品性能、工作原理和使用方法等。这样做的好处是：一是能取得客户的信任，二是让客户获得参与感。只要满足这两个条件，往往就能够让客户下定主意购买。客户之所以决定购买，就是由于他们认为这个重要的决定是他们自己的主张。此时，你要不失时机地赞同客户的主张。客户在得意之时，即使你要阻拦他购买，他也会竭力维护自己的决定。这就是客户自我说服的力量。

- 通过数字证明实力

比如，在客户眼中，销量大的商品＝购买的人多＝产品可能很好＝我也能买。也就是说，我们要让客户看见大量的数据，感受到巨大的影响力，让客户觉得这个东西很厉害，潜意识中认同和接受，从而打消顾虑。

- 通过案例（或客户见证）营造认同感

比如，客户会觉得，如果与自己同一类型的人都对产品评价很高，那么商家应该不会骗人，这款商品可能真的不错，自己用了应该也很好，自己也可以下单。也就是说，作为卖家，不需要自己过多地夸产品，而应该借助消费者来见证产品的质量、服务等，从而让潜在客户产生共鸣心理，进而决定下单。

人们会为自己寻找购买产品的理由，也更愿意相信自己，所以销售员自夸产品好没有太大用处，而是要让客户自己觉得产品好。

第七章

套心：销售中的"心理学诡计"

7. 换个方式思考问题，用有创意的点子拿下客户

当今社会，每个行业都要有创新精神，都需要用有创意的点子去开发新产品。销售行业更是这样，具有创意的销售方法会让你比竞争对手更容易搞定客户，最终轻松成交。

在产品面临激烈竞争的时候，换一种销售方式，往往能给客户带来不一样的感觉。这种感觉只要能使客户感到开心，就能激发他们的购买欲，从而使销路原本不怎么看好的产品一路畅销。因此，如果你想在业绩上有所突破，想冲出目前的销售困境，不妨在销售方式上多动一点脑筋，让你的销售方式变得独特新颖。不久之后你就会发现，你的销售处境已经从"山重水复"变得"柳暗花明"。

你在向客户推荐产品时，一定要有超出常人之处，才能出奇制胜。因此，你必须摒弃那些陈旧的销售策略，销售员最难能可贵的就是创意。如今的市场，是最需要创意的市场，而这种创意往往是"换个方式思考问题"的结果。

我们来看看下面这个案例,瞧一瞧商家是怎样通过有创意的点子拿下客户的。

一家服装店的总经理首创"打一折"销售策略,曾经轰动一时。

具体的销售策略是这样的:先确定打折销售的时间,第一天打八折,第二天、第三天打七折,第四天、第五天打六折,第六天、第七天打五折,第八天、第九天打四折,第十天、第十一天、第十二天、第十三天打三折,第十四天、第十五天打二折,最后两天打一折。

商家的宣传海报张贴后,立刻引起轩然大波。然而,第一天来店的客人仍是稀稀落落,即使来的人也只是看一看,一会儿就离开了。从第三天起就开始就有大批客人光临,第四天打六折时,客人就像洪水般汹涌而来,开始疯狂抢购,之后这家店连日客人爆满,还未等到打一折,商品就被抢购一空了。

当然,客户可以在打折销售期间任意选定购物的日期,如果你打算用最便宜的价钱购买,那么你在最后那两天去买就可以了,不过,你想买的商品未必能留到最后两天。客户因为急于买到自己喜欢的商品,就会提前掀起抢购潮。

那么,商家赔本了没有?当然没有。商家运用新颖的创意,使商品在打五六折的时候就全部销售出去了。"打一折"不过是一种心理策略而已,商家怎么会亏本呢?

下面这个例子有异曲同工之妙。

第七章

套心：销售中的"心理学诡计"

芥末酱是日本人很喜欢吃的一种调味料，销量很大，竞争也很激烈。

在众多的销售商中，可果美与松本清两家是最大的竞争者，但长久以来，可果美的销量都是松本清的两倍。

两家质量同样优良，甚至松本清在广告文案上比可果美做得好得多，为何销量却输给可果美呢？松本清的总裁百思不得其解。

后来，松本清的总裁发动公司员工分析原因并提出应对策略。

一个多月之后，公司收到几百份建议书，其中有一份建议书提出：把芥末酱包装瓶的口径改大，使勺子可以伸进去。

真是奇招！总裁马上采纳这个建议并投入生产。

结果很成功，松本清公司的芥末酱销量急剧增加，不到半年时间，松本清的销量就超过了可果美，一年后，占据了日本大部分的市场份额。

为何情况会一下子大幅改观呢？原来，松本清公司的芥末酱与其他制造商一样，使用装白酒和醋那样的玻璃瓶，由于瓶口很小，客户使用时要使劲儿摇晃后将瓶子倒过来，芥末酱才会慢慢流出来。

松本清公司把瓶口改大后，解决了原来的不足，爱吃芥末酱的日本人发现它很方便，就纷纷购买松本清的芥末酱。

对于同一种产品，不同的销售方式给客户的感觉是完全不一样的。你的最终目的是把产品卖出去，在同类商品竞争激烈，销售方式雷同，向客户提供的服务和优惠又没有太大区别的情况下，要想吸引更多的客户，提高自己的销售业绩，就必须采用一些新的、有创意的、让客户容易接受的销售方式。

如今，销售行业竞争激烈，很多销售员苦口婆心地去跟客户推广产品，每天起早贪黑，一个月下来，却没有什么业绩，而且自己感觉很累。很多销售员甚至无奈地被行业淘汰。

其实，我们大多数人仅仅使用了不到5%的大脑空间，还有95%以上的潜能并未开发出来。我们要开动脑筋，琢磨有创意的点子，打动客户的心，让他们接受我们的产品和服务。

实用妙招

基于此，销售员要做好以下两点：

• 多推出新颖独特的销售方式

多动脑子，在创新方面多下功夫，通过新颖的销售方式来吸引客户的目光，激发客户的购买欲，并付诸行动。

• 改变一下常用销售方法

在生活中，只要稍微改变一下常用的销售方法，就能让你的产品与众不同，一旦吸引了客户的眼球，就能出奇制胜了。

第七章

套心：销售中的"心理学诡计"

8. 装糊涂，让对方在不知不觉中接受你的要求

在谈生意时，有时需要故意装糊涂，以避免一些棘手的问题。这种"装糊涂"的心理策略往往能够取得意想不到的效果。在销售时，你据理力争可能无法打动客户，装聋作哑有时却能取得成功。

有时，你假装糊涂能够化解客户的步步紧逼，从而避开对自己不利的合作条件。当客户发现你误解了他的意思时，他一般会做解释，如此一来，就会在无形中受到你的影响，慢慢地接受你的要求。

宋老板要到银行贷一笔巨款。他让会计范明明替他安排与银行代表林晓东在星期六上午10点见面。

宋老板正巧知道林晓东的两大喜好——乒乓球和戏曲，于是，见面时，他谈到自己已经参加了北京某体育馆乒乓球大赛第一回合的比赛，之后又说到要去看世博园开园的文艺表演节目。

银行下班了，一向准时下班的林晓东有点焦虑，他希望自己今

天就能和宋老板达成协议，这样下周一就能够呈报给上级看了。但是，宋老板很淡定地等了一会儿，就站起来，说这次沟通很愉快，不过自己有事要先离开了。

他们走到电梯前，林晓东忍不住了，问道："宋老板，您不是来谈贷款的事吗？"宋老板却假装一脸惊讶，问身后的会计："范明明，你让我来，是来谈贷款的事吗？"此话一出，好像整件事都是范明明弄出来的。

既然开了口，林晓东就得自己提贷款的条件，他想了一下，说："利率为5.99%。"当时，银行贷款的利率通常是6.9%。这条件可以说是再好不过了！后来，宋老板回忆道："那次的成交，实在是因为我把这个心不在焉的老头子的角色演得太棒了！"

在实施装糊涂的策略时，时机和适度很重要。我们不要一上来就向对方表现出志在必得的态度，而是要摆出客观事实，表现出"是否成交对我影响不大"的平淡态度，这反而能使对方害怕不能成交，从而激发对方想要成交的欲望，降低其谈判的价码。这种心理策略本质上是为了进攻，但也是制造守势来软化对方。因此，在实施这一策略的前期，你需要精心策划，以便谈判时保持淡定的情绪。

实用妙招

对于装糊涂的心理策略，你要注意以下三点：

第七章

套心：销售中的"心理学诡计"

- 要装得恰到好处

装糊涂时，你一定不要露出扬扬自得的神态，如果让客户发现你是在故弄玄虚，你们的合作也就无法继续进行了。

- 装糊涂不能连续使用

装糊涂其实就和诸葛亮的"空城计"一样，面对同一个人只能用一次，万万不可连续使用。在有些事情上是可以装糊涂的，但也有一些事情，你千万糊涂不得。因为无论什么样的好方法，用多了就不会奏效了。

- 注意谈判的时效性

你最好别用拖延的方法去解决问题，而是要用尽可能短的时间答复客户。很多销售谈判都比较注重时效性，即使是一些时效性不强的谈判，为了能够给客户留下一个诚信的印象，或者为了迅速达到目的，你也要快速进入下一轮谈判中。如果客户知道你在上次谈判中的某个话题上有"盲点"，那么，就此进行下一轮谈判，也会让他们放松警惕。事实上，这种相互间的误解很容易让你拿到谈判的主动权。在谈判之前做好充分准备，这样一来，在谈判时你就会自信许多，在和对手的交锋中也会游刃有余。

9. 将商品罩在光环之下，促使客户立刻行动

聪明的客户，不会因为你的声明就购买产品，特别是价格昂贵的产品，他们需要的是证据。既然这样，聪明的销售员当然要准备足够的证据来证明产品的各种优点。其中，比较有效的证据就是名人的见证。例如，在服装网店中，我们常常会发现一些服装有这样的描述：××名人同款运动鞋，××影视明星最爱的羽绒服。有了这样的明星效应，很多服装都被炒成了爆款。

因为人们总是有这样的心理：名人的生活环境是非同一般的，与名人有关联的肯定是不同寻常的。基于这样的心理，人们大多喜欢追逐、效仿明星。因此，将商品笼罩在名人的光环之下，会让客户产生很大的信赖感，促使他们立刻行动。

有一个出版商给总统送去一本书，并三番五次去征求意见。日理万机的总统不愿与他多纠缠，便回了一句："这本书不错。"出版

第七章

套心：销售中的"心理学诡计"

商便借总统之名大做文章："现有总统喜爱的书出版！"于是，此书被抢购一空。

不久之后，出版商有书积压在仓库，便又给总统送去一本，总统上过一次当，想奚落他，就说："此书糟糕透顶。"出版商听后，眼珠一转，计上心来，又做了广告："现有总统讨厌的书出版！"不少人出于好奇争相抢购，书又销售一空。

出版商第三次将书送给总统，总统吸取了前两次的教训，没有作任何答复。然而出版商又大做广告："现有让总统难以评论的书出版，欲购从速。"书居然又销售一空，出版商因善借总统之名，大发其财。

虽然这是个段子，但也说明，对于滞销的商品，通过销售员的精心策划，借助名人效应，还是可以由滞转俏的。

实际上，这主要是"光环效应"在起作用。也就是说，当一个人在大众心目中有比较好的形象时，他就会被光环笼罩，从而被赋予良好的品质。由于销售员所选取的名人通常具有积极正面的形象，所以人们会将对名人的好印象扩大到产品上，进而对产品也产生好的印象。

利用"光环效应"的方法可灵活多变，比如，在书店中请著名作家与读者见面，并对读者所购书籍签名留念，通常具有很好的促销效果；在商场中请明星献艺，自然能吸引大量客流，生意也自然兴隆；在商品或包装上请名人作画，如20世纪60年代我国生产的一种搪瓷脸盆上印有著名画家齐白石画的虾，虾在盛有清水的脸盆水波中看上去像在缓缓游动，使这种脸盆在当时十分畅销；有关领导到商场调研时，可吸引大批消费者进店；还可以请名人在商品上题字，如布娃娃在美国每个原售 25 美元，但有"椰菜娃娃"原设计者亲手签名的一个布娃娃售价曾高达 1000 美元，而且椰菜娃娃在美国曾多次销售一空。

实用妙招

借助名人的光环来装点门面，固然是一种很好的销售手段，但也要避免弄巧成拙。在借助名人效应的问题上，为加强效果还应注意以下几个方面：

- 名人身份要与广告内容相适应

很多商家在借助名人做广告时，常常把一些名人的签名、照片贴在商铺玻璃窗上，以为只要是名人就行了。其实不然，在选择名人时，最好选择与自己的店铺和商品有关联的，比如说要想提高运动鞋的品牌知名度，最好选择体育明星，而不是选择影视或其他明星。

- 选择的名人要有良好的公众形象

借助名人的光环，难就难在找准要"借"的人，找对了，能扩大产品的销量，可以让滞销的商品焕发生机。一旦找错了，选择了客户深恶痛绝的人，说不定不但没有让商品畅销，还会给自己留下"坑蒙拐骗"的骂名。例如，德国某公司为了追求所谓的标新立异，有一次用了一个臭名昭著的死囚的形象，令

第七章
套心：销售中的"心理学诡计"

人咋舌。因此，选择的名人一定要德才兼备，有良好的口碑。如果其有打架斗殴、偷税逃税、生活作风败坏等不良品行，则必须弃用。

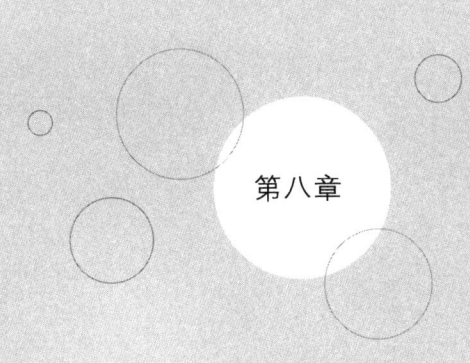

第八章

定心:"逼迫"客户立即下单

第八章

定心:"逼迫"客户立即下单

1. 利用稀缺效应,促成今日交易

美国心理学家沃其尔用饼干做了一个实验,用来说明限量产品是怎样打动客户的。

首先,实验人员将被测试者分为两个小组,给每个小组都分发了一只装有同样味道饼干的罐子。不同的是,A组被测试者拿到的罐子中装有20块饼干,而B组被测试者拿到的罐子里只有3块饼干。然后,实验人员请被测试者从自己小组的罐子中取出饼干品尝,并评价饼干的美味程度。结果发现,B组被测试者中觉得饼干好吃的人数远远多于A组。

上面的实验说明,稀缺的东西更让人觉得珍贵,越是难以得到的事物,越能够引起人们的关注。

从前,有一个富人和一个穷人同时被洪水困在一个山冈上,不知道洪水什么时候才能退去。两天过去了,富人带的食物都吃光了,他已经是饥肠辘辘了。而此时,穷人手中还有一大袋炊饼。

于是,富人提出一个建议,要用一两银子买穷人的一个炊饼。世上哪里去找这样的好事,但穷人不同意。他觉得发财的机会到了,就提出要买下他所有的炊饼才行。富人同意了。

又过了几天,洪水依然没有退去的意思。富人吃着从穷人手里买来的炊饼,而此时的穷人已经饥饿难耐。最后穷人实在挺不住了,希望从富人手里买回一点炊饼。富人答应了,但是富人告诉穷人,得出十两银子才能买到一个,穷人只好硬着头皮答应了。

就这样,又过了几天,洪水终于退去了,炊饼也都吃光了。富人不但从穷人那里收回了买炊饼的钱,还额外挣到了一些钱。

聪明的富人正是利用了稀缺效应,不但保全了自己,还赚到了一些银子。心理学家认为,稀缺效应的产生,是因为人们担心失去或得不到,会对稀有的物品怀有本能的占有欲。基于人们这样的心理特性,在销售中,销售员可以采用"最后机会""仅此一次""名额有限"之类的词汇来吸引客户下单。

在销售时,你要让客户觉得这种商品比较畅销,让他觉得现在就是购买的最佳时机。比如,你可以这么说:"下个月产品就会比较紧缺了,我们公司由于现在人手不够,打算减少产品供应量。"或者说:"现在原材料都涨价了,过不了多久,这款商品的价格也会相应提高,建议您及早购买,不要错过了机会。"客户听了这些话,

第八章
定心:"逼迫"客户立即下单

他的"物以稀为贵"和"担心买不到"的心理又会被激发。小米公司的饥饿营销就是利用了客户的这种心理,一举获得成功。

在小米新品正式发售之初,由于产能有限导致供货不足。那段时间,能买到一部小米手机便成为"有路子"的象征。在"米粉"的疯狂吐槽下,小米误打误撞做了一个"开放购买"的动作,这一举动激发出了巨大的稀缺效应,也产生了非常大的市场影响力和传播力。之后,小米公司的这个"开放购买"策略延续了下来,持续通过预约购买、限时抢购、限量发售等方式,营造小米手机"物以稀为贵"的景象。

饥饿营销的一个重要效果,就是使得一些客户得到了产品信息,却无法立刻购买到产品,让客户产生产品紧缺的心理暗示,他们为了获得"稀缺"的商品宁愿等待。

在房地产销售中,很多销售方也运用了这种心理策略。不少房产销售企业在一套房子还没有卖出的情况下,就宣称自己的房子已预订多半,人为制造一些短缺的假象,从而快速达成交易。

在奢侈品行业中,每一种商品的数量都非常少,而且奢侈品价格昂贵是不会受到质疑的,因为每一只手表、每一个包都不是以使用价值来展现的,它是以全球标准的顶端设计、数量的稀有程度及品牌的地位来展现的。

这给人们带来的更多的是心理上的满足:"我能够拥有它,我就有高品位,我就得到了周围人的倾慕。"物以稀为贵,的确是一条亘古不变的商业法则。你要努力营造出稀缺感，才能获得更多客户的青睐。当你告诉客户某种商品供应比较紧张，不能保证一直有货时，就有机会促使客户及早地采取行动，尽快下单。

实用妙招

- 最后一批

客户看好一件商品，内心也很喜欢，就是迟迟不下单，此时你可以利用其"担心买不到"的心理告诉他："由于种种原因，这一产品暂时不生产了，这是最后一批货，很抢手。"这种说辞往往能促使客户立即下单。

- 限人销售

所谓"限人销售"，就是对客户购买资格进行设限，规定只有符合某种条件的客户才能购买。这不但能够吸引那些"符合条件"的客户踊跃参与，还能刺激那些"不符合条件"的准客户在逆反心理的作用下，产生购买兴趣。

- 限期销售

限定购买时间，明确告诉客户过了某个时间点就无法买到某产品或者某个优惠价位的产品了，以此来刺激客户尽快做出购买决定。

- 限量销售

向客户说明产品数量有限，比如每个号码就这一件、火爆销售后只剩几件、即将断货、不知何时上货等，让客户觉得你的产品"奇缺""有限""唯一"，刺激客户尽快购买。

2. 用危机感促使犹豫不决型客户下决心

很多客户即使有购买意愿,也不想尽快付款,总要东挑西拣,在产品颜色、式样甚至产地上思前想后。此时,你就要改变策略,鼓励客户下定决心购买。

陈峰是一名房产销售员,手上有两套房子,户型相同,但因采光不一样,要价上也有差异,甲套在阴面,要价210万元,乙套在阳面,要价230万元。

庞女士和张先生同时看上了乙套,但是张先生先下了订单,所以庞女士显得很失望。陈峰向庞女士提出可以考虑一下甲套,并带她去看了房子。庞女士感觉还不错,但是想到自己因为少20万元钱就要住在没有阳光的房子中,心里很不痛快。虽然陈峰和庞女士也面谈过四五次了,可是庞女士就是迟迟不肯下单。

于是陈峰决定"逼单"。这天下午,陈峰拨通了庞女士的电话:"庞女士,您现在方便接电话吗?……是这样的,我们现在有一位客户很中意甲房,我想问问您的意见。毕竟您先看了房子,而且我们也谈过好几次了,您如果愿意要这套房子,我就给您留着,您如果打算不要了,我明天就让那位客户来办手续了。您觉得呢?"

庞女士一听急了,连忙说:"我们一会儿见面谈谈吧。"虽然最后陈峰让价了三万,但也终究"逼单"成功,顺利达成了交易。

庞女士正是在陈峰的"逼迫"下,才下定决心购买房子的。"逼单"是销售时最重要的一个环节,若"逼单"成功,万事大吉;但是如果"逼单"失败,则前功尽弃。

实用妙招

- 欲擒故纵法

一些客户明明已经看中了产品,可是由于某些原因,就是犹豫不决不肯下订单。这时,你可以站起来收拾东西,假装做出要放弃这笔交易或要离开的样子。如果客户真的要买,那么这种假装的举动一定会促使他快速下定购买决心。

- 赠品诱惑法

当客户犹豫不决时,适当地给他一些赠品会起到比较好的效果。可以这样说:"如果您诚心想要,我就赠您一个……就算是拉一个回头客了。"或许这一个小小的赠品就能令客户的心理天平发生倾斜。

第八章
定心:"逼迫"客户立即下单

"逼单"是任何一个销售员都要面对的考验。客户大多数时候是不会主动提出付款的,这时就需要你主动推他一把,否则煮熟的鸭子也会有飞走的时候。

3. 用暗示法成交

销售员不仅能通过介绍产品信息来直接推荐产品，也可以通过动作暗示对方需要这个产品。当能说会道的销售员碰上"百般刁难"的客户时该怎么办呢？要想绕开正面尴尬的情景，不妨用一句巧妙的话或者一个恰到好处的动作，从侧面暗示客户购买该产品的必要性。

在空调刚兴起时，售价昂贵，因此乏人问津。上门推销空调，难度更大。销售员布鲁诺打算销售一套中央空调系统，他经过大量努力，与某企业周旋了好几个月，依旧没有结果。一天，该企业董事会通知布鲁诺，请他向全体董事介绍这套空调系统的详细情况，最终由董事会决定是否购买。在此之前，布鲁诺已经向他们介绍过很多次。这天，他强打精神，把以前不知说过多少次的话又重复叙述了一遍。但董事长反应很冷淡，提出了一连串问题刁难他，令他

第八章
定心:"逼迫"客户立即下单

难以应对。面对这样的情景,布鲁诺有些焦躁,脑门上冒出点点汗滴,眼看着几个月来的辛苦努力就要付诸东流,他逐渐变得心烦意乱。

布鲁诺正要去擦脑门上的汗,突然发现各位董事的脑门上也有细密的汗珠,不禁计上心来。在随后的董事提问阶段,他并未直接回答董事的问题,而是很自然地转换了一个话题,说:"今天天气很热啊,请允许我脱掉外套,好吗?"说着,他掏出纸巾,认真地擦着脑门上的汗珠,这个动作立即引起了全体董事的条件反射,他们顿时觉得闷热难熬,一个接一个地脱下外衣,不停地用手帕擦脸,有的抱怨说:"这是怎么搞的?天气这么热,这房子还不装上空调,闷死人啦!"布鲁诺心里自然高兴,因为购买空调并非销售员强加给董事长的经济负担,而是全体董事的内在需求。就这样,这笔大生意终于达成了协议。

心理学家巴甫洛夫认为:"暗示是人类最简化、最典型的条件反射。"暗示是指在没有对抗的条件下,用抽象、含蓄诱导的方式对人们的心理和行为施加影响,从而让人们按照特定的方式去行动或接受特定的意见,令其思想、行为与暗示者符合期望的一种心理现象。

从上面的案例能够看出,布鲁诺巧妙地避开了当时难以应对的尴尬场景,出其不意地在客户没有对抗的条件下,用一个脱上衣的动作成功地引发全体董事的条件反射。这时一个简单的脱上衣的小动作却胜过了千言万语。其实重要的并非动作本身,而是通过这个动作传递给董事们的心理暗示。因此你不但可以通过语言来销售,还能通过动作引导和暗示对方，从而获得订单。

此外，除了利用暗示法诱导客户，你还要能从客户的暗示中捕获信息。如果得到恰当地运用，暗示会是很微妙的一种行为。熟练运用暗示法的销售员，能够影响客户的心理，而且不会令对方感到自己正在被施加影响，客户会觉得是他自己想购买，而不是你在向他推销。

实用妙招

销售员不仅可以通过肢体动作进行暗示，语言暗示也是有效、直接的方式。暗示的语言有很多：

（1）"如果您觉得可以，我就先包起来。"

（2）"这是流行的款式，我真的觉得很适合您。"

（3）"如果您不放心，我们公司能够……"

（4）"多年来一直是这个样子，您应该相信自己。"

第八章
定心："逼迫"客户立即下单

4. 善意的"威胁"让客户坚定购买决心

很多人都认为，"威胁"客户是非常不礼貌的行为，但有的时候，你适当地给客户一点善意的"威胁"，反而能够让客户更加坚定购买的决心。

你在和客户交谈的时候，可以恰到好处地给客户一点"威胁"。当然，你在"威胁"客户时，必须弄明白客户需要的是什么。千万不能欺骗客户，要在尊重和关心客户的基础上通过特定的技巧说服他们。否则，一旦处理不当就很容易引起客户激烈的反弹。

通常情况下，给客户适当的"威胁"是很有作用的，因为这不但能够让客户坚定购买产品的决心，还可以令客户缩短思考的时间。

没有人喜欢听到威胁自己的话，客户也不例外。因此，你要把握好"威胁"的度，这种"威胁"必须是善意的，没有丝毫的恶意恐吓。

江先生很关心他的家人，而且，他也有足够的能力购买家庭保险。然而，当田伟伟劝他投保时，他却有些不情愿。

田伟伟凝视着江先生，说："江先生，您很爱您的家人，为了家人的幸福和健康，您应该签这种28天保险合同。"

江先生问道："28天保险？这是什么保险？"

田伟伟解释说："28天保险跟我向您介绍的合同保险金额是相同的，满期退还金也是一样的。而且28天保险还有与同类保险同样的功能：第一，万一您失去支付能力无法支付保险费用，或者由于意外事故造成死亡，那么，按协议约定可以免交保险费；第二，假如出现了上述问题，保险公司就必定对您履行'发生灾害时增额保障'的义务。您无须介意，这都是为了介绍这个问题所进行的假设。"

刚才江先生还一脸平和，现在立刻就阴沉着脸。

田伟伟说："江先生，如果您现在立刻让我离开您家，我会觉得这是合乎情理的事情。因为我说了您不愿意听的话，我提议让您签这种保险是对您和您的家人不负责任。因为我在说明这种28天保险的时候，您每月有两天或者三天没有保障，您一定会想：'如果我恰恰在这个时间里发生意外伤害，那该怎么办呢？'"

此时，江先生意识到了保险的重要性。最后，他购买了费用最高的那种保险，因为他希望自己和家人时时刻刻都有保障。

当你告诉客户他此时如果不购买产品可能会失去某些利益时，他更容易被打动。"威胁"策略的使用要和产品益处的说明等正面说服方式相互结合，否则会让客户感到不安，导致交流中出现不愉

第八章
定心:"逼迫"客户立即下单

快的场面。

实用妙招

那么,怎样巧妙地"威胁"你的客户呢?这需要一定的技巧。

- 注意表情和态度

适度"威胁"的真正目的是激发客户的购买欲望,促使他下定购买决心,而不是激起他的愤怒。如果你表现出不耐烦或者口出恶言,客户必然不会买账。因此,一定要一直保持良好、积极的姿态,维护交流时的融洽氛围。

- 暗示购买产品的利益

当你苦口婆心地介绍产品却达不到预期目的时,不妨给客户一种巧妙的暗示,告诉他:"这个产品真的非常适合您,如果现在不买,将来您一定会后悔!"而类似的带有惋惜等情绪的暗示性语言,会令客户对于失去产品产生一种危机感,促使他迅速下定决心。

通过一定的语言和行为技巧,给客户施加一些购买压力,并拿捏好分寸尺度,才能获得你想要的结果。

5. 趁热打铁，巧妙利用客户的冲动心理促进成交

销售员经常会遇见一些冲动购物的客户，这些人遇到打折促销就会疯狂消费，最后导致自己入不敷出或者购买了让自己后悔的东西。打折促销是商家经常使用的销售手段。很多人控制不好自己的消费欲望，因此，大部分商场、超市都会有低价促销的活动。而且，促使冲动消费的因素不仅仅是价格，还有包装、商品特点、环境、广告等。

小海是一家房地产公司的销售员。一天，他带着一对夫妻去看房。这对夫妻来到了一栋别墅前，推开大门，面前出现了一个宽敞透亮的泳池。这对夫妻立刻就被吸引了过去，他们简单询问了一番后，就进入了别墅的房间中。

丈夫张先生认真检查了一下，发现部分墙面上出现了明显的水渍，于是他向小海抱怨："这房子漏水啊！"小海很坦诚，说："是的，

第八章
定心:"逼迫"客户立即下单

有一些地方的确漏水,但并不严重,不用担心。"此时,妻子李女士的目光依然停留在泳池上,小海看出了她的心思,于是说道:"事实上,这栋别墅最美的地方就是这个泳池了。"李女士点头笑了笑,表示赞同。

就在此时,张先生发现了其他的问题:"这栋别墅的色调也不是很和谐,用的材料也不上档次。"小海恭维地说:"我也是这样认为的,可是,很多人并不是很在意这一点。他们更喜欢外面的泳池,那里的风景最美。"张先生不停地挑房子的毛病,偶尔,他的妻子李女士也会说几句话。整体上,他们对别墅并不是很喜欢,唯一能够引起他们注意力的就是泳池。

后来,小海平静地说:"尽管这栋别墅有一些小问题,但仍然有很多人想买,因为它有一个美丽的泳池。说实话,看中这栋别墅并有意购买的还有两位客户……"

最后,在李女士的一再坚持下,张先生只好接受了这栋别墅。尽管别墅有很多问题,但是,销售员小海懂得趁热打铁,利用李女士的冲动心理,最终达成了交易。

调查研究发现,消费者的冲动购物行为会受到诸多因素的影响。比如,未婚高收入群体的冲动购物概率通常比其他群体高出45%左右;而那些通过看广告等获得商品信息的人,他们的冲动购物率比其他人低25%左右;如果购物主要是为了满足当前的需要,冲动购物的概率就会下降53%左右;如果购物并不在事先的计划之内,那么,冲动购物的概率就会提升23%左右;相反,如果事先做了购物计划，定期一次，那么，冲动购物的概率就会下降13%左右。

了解了人们冲动购物行为的心理之后，销售员就能通过修正销售策略，去吸引可能会冲动购物的群体。调查研究发现，安排合理的商品陈列及卖场促销活动，容易吸引更多的冲动消费人群。

实用妙招

那么，怎样抓住冲动型的消费人群呢？

- 强烈的视觉冲击，让消费者产生购买冲动

商品的美感能够让消费者产生购买的冲动。如果店面狭小、商品乱放，消费者看了就会感觉很不舒服。如果店面宽敞整洁，商品摆放得十分整齐，令人感觉很舒服，那么，就会很容易吸引到消费者。心理学家研究发现：环境因素会令人们的情绪发生变化，进而支配人们的行为。你要营造良好的购物氛围，让客户一进店就眼前一亮，产生强烈的购买欲望。

比如，家具专卖店把店面布置得舒适一点、温馨一点，这样客户进来后就会觉得很温暖，从而激发他们的购买兴趣。

- 适当使用积分与价格手段

要合理地建立积分体系，比如，当客户的消费额达到一定数量后，就自动变为更高级别的会员，可以在会员价的基础上再次享受折扣价。此时，客户积累的积分就可以当成现金来使用，他们为了获得积分，会更容易冲动消费。

当客户发现店面有某些商品打折的时候，一般会有冲动购

第八章
定心："逼迫"客户立即下单

买的行为。对于某些商品，或许客户并不需要，但是，由于折扣力度非常大，他们往往会冲动购物。一般情况下，那些轻巧、方便携带的商品更容易促使客户冲动购买。

- 与客户建立情感纽带，客户关怀很重要

对于这一点，销售员要根据实际情况采用不同的方法。以母婴产品为例，在婴儿3个月大的时候，就要从过去喝的1段奶粉变为2段奶粉，如果你能提醒父母注意这个改变，那么，他们一定会感到很温暖，这样，重复购买的可能性就非常大。最重要的是，这样的客户关怀是一对一的关怀，你要在正确的时间为客户推荐合适的产品。

- 产品宣传与客户体验一致

要为客户提供优质的产品与服务，特别是客户在购买产品时，他们必定会有期望值。当他们发现这次的购买行为感受良好，就会觉得物超所值，那么，他们就会重复购买或者进行良好的口碑传播。有很多企业，宣传做得很好，导致客户的期望很高，但实际购买后发现感受与期望落差较大，就会导致相反的结果出现。

以前，很多网络购物就存在这种问题，商家把产品优势夸大，使客户感觉产品良好，而实际购买后发现并没有广告说得好，最后导致频繁出现购物投诉的情况。

6. 折中效应：给客户一个购买的理由

在销售时，我们经常会遇见这样的情况：我们向客户推荐某一类型的产品时，其价格如果分为三个档次，绝大部分客户会选择中间那个档次。

例如，某产品价格分为58元、98元、168元三个档次，那么，中间档次的98元选项的吸引力就会比其他选项的吸引力大，被客户选择的概率也最大。

在心理学上，这种现象被称为"折中效应"。它是指消费者的购买决策具有非理性的倾向。也就是说，消费行为会随着交易情境的变化而变化，当一个选项集合里新增加一个极端的选项以后，会令原来的选择方案成为折中选项。

在所有选项的集合中，即使折中选项并不存在绝对占优关系，它也会更具吸引力，被选择的概率也会比其他选项大得多。

在销售中，这种心理效应经常发生，我们来看下面这个案例。

第八章

定心:"逼迫"客户立即下单

史女士打算去美容店做头发保养。史女士走进一家美容店,接待员过来打招呼:"您好,请问需要哪个方面的保养?"

史女士:"我想做一下头发保养,你们都有什么价位的?"

接待员拿来一张价目表,在头发保养项目里有198元和358元两个价位。史女士就问:"这两个价位有什么区别吗?"

接待员说:"198元属于普通保养,药水里的化学成分较多;358元属于高端保养,保养产品多采用植物精华萃取物。"史女士有点纠结,毕竟两个价位相差较大,一时拿不定主意,于是史女士决定去其他店再看看。

史女士又去了另一家美容店。这家店的头发保养价位一共分为四个档次:98元、198元、358元、498元。其中,98元是普通保养,198元是资深保养,358元是特殊保养,498元是高端保养。

在进行产品选择时,史女士迅速将目光集中在198元和358元两个价位上,根据自己头发的状况及对于产品的咨询和了解,最终选择了358元的保养。

第二家美容店之所以成功销售出了产品,是因为他们充分利用了折中效应,在价格上给了客户一个购买的理由——根据折中效应,绝大多数人会选择中间选项。

对于高昂的价格,人们会觉得能力有限;太低的价格,人们又怕质量有问题;而中间的价格,就相当于为客户提供了一个消费的充分理由。

实用妙招

运用折中效应时要注意以下两点:

- 做精准定位

你要对目标消费群体进行精准定位,充分把握目标消费群体的消费档次,根据消费档次的区间范围,对价格进行精准合理的定位。

- 从长远打算

折中效应的精髓在于,把目光放长远,懂得放长线钓大鱼。不能为了眼前的蝇头小利而放弃长远的利益,要通过为客户提供一些符合他们心理期待的产品和服务"取悦"他们,进而得到他们的信任和赞同。

第八章
定心:"逼迫"客户立即下单

7. 刺激客户,促成交易

销售的目的是让客户消费,而难题就是怎样才能让客户心甘情愿地消费。有时客户已经有了充足的购买理由,但还是无法下定决心,此时,一些适当的刺激就很有必要了。

英国作家威廉姆斯创作并出版了一本名为《化装舞会》的少儿图书,要小朋友们根据书中的字和图猜出一件"宝物"的藏身之处。这件"宝物"是一只制作非常精美且价格昂贵的金质野兔。

该书一出版,不仅少年儿童感兴趣,就连成年人也疯狂购买,大家都依据自己从书中得到的信息到各地寻找宝物。这次寻宝历时近三年,在英国的各个城市留下了许多被挖掘的痕迹。最终,一位中年工程师在伦敦西北的浅德福希尔村找到了这只金质野兔,一场全民性探宝的活动才宣告结束。这时,图书《化装舞会》已销售了两百多万册。

又过了几年，经过精心策划，威廉姆斯又出奇招，出版了一本仅30多页的小册子，而且是独家出版发行。这是一本新颖独特的、没有书名的书，他邀请全世界的读者猜出该书的名字，猜中者能够得到一个镶着各色宝石的金质蜂王饰物。

猜书名的方法很特别，不是简单地说出来或用文字写出来，而是要将自己的想法，通过歌曲、雕塑、绘画、编织物，甚至写入电脑程序的方式暗示出来，威廉姆斯则从读者快递来的各种实物中悟出所要传递的信息，再将其转译成文字。尽管谜底并不难猜，认真读过这本小册子的猜谜者十之八九都能够猜到，但只有最富想象力的读者才能获奖。开奖日期定为该书发行一周年那天。

不到一年时间，该书已销售了数百万册，获奖者是谁还无从知晓，但威廉姆斯本人早已成为知名的公众人物了。

威廉姆斯成功的关键在于，他巧妙地设置了价值连城的"诱饵"，既勾起了人们的好奇心，又刺激了人们的发财梦，人为地制造了一场"寻宝热"，是一个典型的刺激销售的成功案例。

实用妙招

利用刺激法促使成交有以下几种方式：

- 以退为进刺激法

先向客户做出巨大让步，刺激对方做出决定，然后通过其他方式增加利润点。

第八章

定心:"逼迫"客户立即下单

这种方法在汽车销售行业运用得最为广泛。在大家的印象中,汽车销售员的收入来源主要是汽车销售的业务提成,实际上并非如此。一辆30万元左右的轿车,4S店能赚的钱是2~3万元,最后到销售员手上的业绩提成也就是3000元左右。而且这其中有一个值得关注的地方——通常4S店会对每辆汽车设置一个最低限价,销售员的收入就来自最低限价和实际卖出价之间的差额,比例通常在25%左右,但汽车的配件和衍生产品(如饰品、保险、售后服务)的提成比例大多都会高于25%。

所以,有经验的销售员在客户犹豫不决时,会在裸车上降低价格,然后在衍生产品上大赚一笔,这个策略可以说相当高明。让客户下定决心买车和买车之后采购配件的难度根本就不在一个层次上,客户做出主要购买决策后,会有一种证明自己决定正确的强烈渴望,因此,他会大大方方地接受配件的价格。

- 沉默刺激法

给客户一个有说服力的解决方案,然后保持沉默就好。例如,某设备配件的销售员与一家制造商的谈判陷入了僵局,双方都在观望。销售员的公开报价是260万元,这笔交易的盈亏点是225万元。为了打破僵局,销售员将报价调整为250万元,那么接下来他要做的就是沉默,无论客户有什么反应,他都不采取任何举措。这一点是操作的关键,如果调整报价后,销售员还积极地寻求客户的反馈,那么就将完全丧失合作的主动权。当销售员表现得不为所动时,客户才能感受到一种隐隐约约要"断线"的刺激。如果客户并不打算放弃这次交易,销售员越是沉默,就越能激起客户的紧迫感,进而调整自己可以接受的尺度。

- 提醒客户正在犯一个很多人都在犯的错误

这个方法非常容易理解,也是人们日常生活中比较常用到的。例如,之前已经来过楼盘多次的一位女士迟迟不能交纳定金,销售员通过观察和沟通,发现主要原因是她对该楼盘的升值潜力没有太大信心。这时销售员多半就会给客户讲一个诸如此类的故事:"我的朋友以前在本地区另外一个楼盘做销售,当时一位客户下决定时也是顾虑重重,现在你再去问那位客户,他一定会斩钉截铁地告诉你:签!因为他的房产三年内升值了60%。"销售员的意思很明显:你正在犯一个不必要的错误。前面的例子已经摆在眼前,还有什么好犹豫的呢?

此类方法在日常生活中运用得很多,销售员在使用该方法时一定要注意,所举的案例必须有丰富的细节和具体可感的表现形式。还是以卖房子为例,如果要用这种方法促使客户下定决心,那么所举的案例必须在所推销楼盘方圆三公里内真实存在,这样既能增强你表达时的自信,还能方便你把客户引到案例楼盘区域,让他进行直观地感受。

- 搁置争议刺激法

无论客户提出什么样的挑剔意见,你都要以坚定的语气回答:"这与您购买这款产品矛盾吗?"当对方已经有足够的购买意愿,但总是在一些细节问题上打转时,你就可以运用这种方

定心:"逼迫"客户立即下单

法。比如,客户看中了一台平板电脑,但对自己做出的决定还有些担心,他一会儿说电脑的颜色再深一点就更好了,一会儿又说自己喜欢黑色的数据连接线而不是银灰色的。这时,你只需要强调这台平板电脑很适合他就行了,无须对他的问题做出具体解释。因为客户实际上已经在心里做出了决定,提出这些意见只是为了让你帮助他缓解做出决定后的暂时性焦虑。

8. 了解购买动机，有的放矢

《孙子兵法》云："知彼知己，百战不殆。"你在销售过程中充分了解客户的购买动机，是达成交易的重要因素。

有一位女士走进一家鞋店，试穿了很多双高跟鞋，愣是没有找到一双合脚的。销售员甲对她说："大姐，我们没有合您意的鞋子，是由于您的一只脚比另一只大。"

这位女士生气地走出鞋店，没有消费任何商品。

在另一家鞋店里，这位女士试穿到合适的鞋子同样很困难。最后，笑眯眯的销售员乙解释道："大姐，您知道您的一只脚比另一只小吗？"

最终，这位女士高兴地离开了这家鞋店，手里拿着两双新鞋子。

不同的销售员会给客户不同的感受，不同的销售方式能导致不

第八章
定心:"逼迫"客户立即下单

同的结果。销售员甲之所以失败,是由于她不懂得客户的心理——女人爱美,不愿意别人说自己的脚大。

客户在达成交易时会产生一系列复杂、微妙的心理活动,包括对商品成交的数量、价格等问题的想法,以及会考虑怎样成交、付款方式等。客户的心理对成交的数量甚至交易的成败都有至关重要的影响,所以,出色的销售员都懂得对客户的心理予以高度重视。

2001年,有一位名叫乔治·赫伯特的销售员成功地将一把斧头推销给了小布什总统。布鲁金斯学会获知这一消息后,把刻有"最伟大销售员"的一只金靴子颁授给了他。

这是自1975年该学会的一名成员成功地将一台录音机卖给尼克松总统后,又一成员获得如此高的荣誉。布鲁金斯学会成立于1927年,以培养世界上最优秀的销售员著称于世。它有一个传统,在每期学员即将毕业时,学校会设计一道最能体现销售员推销能力的实习题,让学生去完成。

在克林顿政府执政期间,他们出了这么一道题:请把一条内裤推销给现任总统。八年间,有很多学员为此想尽办法,然而最后都无功而返。克林顿卸任后,布鲁金斯学会把题目换成:请将一把斧头卖给小布什总统。

鉴于前八年的失败,很多学员灰心丧气,知难而退,有些学员甚至觉得这道毕业实习题会和克林顿当政期间的实习题一样无疾而终,因为现在的总统什么都不缺,再说即使缺少,也用不着他们亲自选购,再退一步说,即使他们亲自选购,也不一定恰巧赶上自己去推销的时候。

可是,乔治·赫伯特做到了,而且没有费多大力气。一位记者在采访他时,他是这样回答的:"我觉得将一把斧头推销给小布什总统是完全可以做到的,因为小布什总统在得克萨斯州有一个农场,里面种了很多树。于是我给他写了这样一封信:有一天,我有幸参观您的农场,看到里面长着很多矢菊树,有些已经枯死,木质已变得松软,严重影响了您农场的美观。我认为您一定需要一把斧头,但是从您现在的体格看来,太小的斧头显然太轻,因此您需要一把比较锋利的老斧头。现在我这里恰好有一把这样的斧头,它是我的祖父留给我的,很适合砍伐枯树。如果您有兴趣的话,请按这封信所留的信箱,给予回复……最后他给我汇来了25美元。"

从上面的案例中可以看出,乔治·赫伯特针对小布什的个人爱好——保持农场的美观,向其提出了购买斧头的建议,满足了小布什的现实需求,从而达到了销售目的。所以,销售员一定要善于研究客户的心理,抓住问题关键,令销售渠道畅通无阻。

由于人的购买行为受一定的购买动机或者多种购买动机影响,因此研究这些动机,就是研究购买行为背后的原因。掌握了客户的购买动机,就好比掌握了打开销售之门的金钥匙。

实用妙招

归纳起来,客户的消费心理主要有如下几种:

第八章
定心:"逼迫"客户立即下单

- 隐秘心理

有这种心理的客户,购物时不想让别人知道,常常采取"秘密行动"。他们一旦选中某件商品,在周围没有旁人时,便快速成交。比如,一些知名度很高的名人在购买高档商品的时候,就会发生类似情况。

- 安全心理

有这种心理的客户,他们对购买的物品,要求一定要确保安全,特别像电器用具、交通工具、卫生用品、洗涤用品、药品和食品等,不能出任何问题。因此,他们很重视电器用具有无漏电现象、洗涤用品有无化学反应、药品有无副作用、食品的保鲜期等。在销售员解说、保证后,他们才能放心地购买。

- 自尊心理

有这种心理的客户,既追求商品的实用价值,又追求精神方面的需求。他们在购买之前就希望自己的购买行为受到销售员的欢迎及热情友好的接待。常常出现这种情况,有些客户满怀希望地去购物,一看到销售员的脸冷若冰霜,立马就转身离开,到别的商家那里购买。

- 求美心理

爱美之心,人皆有之。有求美心理的客户,喜欢追求商品的欣赏价值和艺术价值。这在女士和文艺界人士中较为多见,在发达国家的人群中也较为普遍。他们在挑选商品的时候,尤其注重商品本身的造型美和色彩美,注重商品对人体的美化作用和对环境的装饰作用,以达到艺术欣赏和精神享受的目的。

- 求利心理

这是一种"少花钱多办事"的购买心理动机,其核心是"廉价"。有求利心理的客户在选购商品的时候,往往要对同类商品的价格进行认真比较,还喜欢选购折扣商品或处理商品。具有这种心理动机的人,以较低收入者为主。当然,也有经济收入较高而习惯节约的人,他们常常精打细算,希望尽量少花钱。有些希望从购买商品中得到较多利益的客户,对商品的造型、颜色、质量很满意,爱不释手,但由于价格昂贵,一时下不了购买的决心,便会讨价还价。

- 求名心理

这是一种以彰显自己的地位和威望为主要目的的购买心理。有这种心理的人大多会选购名牌,以此来炫耀自己,他们普遍存在于社会的各个阶层。特别是在现代社会中,由于名牌效应的影响,不少人认为衣、食、住、行都使用名牌,不但提高了生活质量,更是一个人社会地位的体现。

- 仿效心理

这是一种从众式的购买心理,其核心是不落后或胜过他人。有这种心理的人对社会风气和周围环境很敏感,总想跟着潮流走。他们购买某种商品往往不是基于急切的需要,而是为了赶上他人,超过他人,借之求得心理上的满足。

- 偏好心理

这是一种以满足个人爱好和情趣为目的的购买心理。有偏好心理的消费者喜欢购买某一特定类型的商品。例如,有的人

第八章
定心:"逼迫"客户立即下单

喜欢养花,有的人喜欢集邮,有的人喜欢摄影,有的人喜欢字画等。这种偏好性往往同某种知识、专业和生活情趣等有关,因而偏好心理往往比较理性,指向也比较稳定,具有经常性和持续性的特点。

- 求新心理

有些客户购买商品注重时髦和新颖,喜欢追赶潮流,这在经济条件较好的年轻人中较为多见。

- 疑虑心理

这是一种瞻前顾后的心理动机,其核心是担心上当、吃亏。有这种心理的人在购物的过程中,对商品的性能、质量、功效总是持有怀疑态度,担心不好使用,担心上当受骗,满脑子的疑虑。因此,他们反复向销售员询问,认真地检查商品,并且很关心售后服务工作,直到心中的疑虑被消除,才肯购买。

- 求实心理

这是客户普遍存在的心理动机。他们购物的时候,首先要求商品必须具备实际的使用价值,很讲究实用。有这种动机的客户在选购商品时,非常重视商品的质量效用,追求朴实大方、经久耐用,而不过分强调外形的美观、色调、独特、新颖、线条及商品的个性特点,因此在选购商品时很认真、细致。

9. 抓住成交信号，果断出手

什么是成交信号？就是客户通过语言、表情、行动等透露出来的购买意图。

一些客户不会直接说出他的购买欲望，而是通过各种行动或行为表露态度和潜在想法，情不自禁地发出一些成交信号。聪敏的销售员就要善于捕捉这些成交信号，从而促使客户立即下单。

小王是一家培训公司的销售员，与一位客户谈了好久，一直没有拿下订单。令人出乎意料的是，客户主动打电话到公司提出培训的请求。

这令人百思不得其解，为何他不和天天见面的销售员小王签合同，偏偏要自己打电话来公司呢？后来有一次，该公司总裁和对方闲谈时提到这个问题。对方哈哈大笑："搞销售的那个小伙子很不错，要不是他讲得那么好，我也不可能来找你。问题是，不是我不和他

第八章
定心："逼迫"客户立即下单

签单，而是他不和我签单。我已经多次表示了签协议的意向，可他愣是没反应过来。你想想，他不和我签，还继续讲解，我能不烦吗？当然这也算是和他开个玩笑！"原来，问题出在这位销售员缺乏敏锐的"嗅觉"，险些错失一笔订单。

很多销售员将各个环节都处理得当，最后却功亏一篑，没能拿到订单。事后自己也认为很冤，费了大半天的劲儿，为何没能成功？大多是由于这个销售员没有发现客户要成交的迹象。客户已经愿意购买你的商品了，你还在那里滔滔不绝，就很容易错过成交的良机。

有时客户表面上拒绝了你，实际上在内心深处已经同意和你成交。他们之所以表面上拒绝，是由于他们对掏钱可能还有疑虑。对于这种情况，有经验的销售员会马上使用一些手段，打消客户的这种成交迟疑。

客户的购买信号很多，但很少有直截了当的表述，这需要你不断认真观察，把握这些暗示的语言、动作，以有利于成交的快速达成。

实用妙招

下面列举的就是一些成交的信号：

- 自言自语，双眉紧皱，好像难以决定的样子

即将交钱了，当然痛苦，所以，客户表现出这副神情也在情理之中。此时你要赶紧主动催促成交。

- 突然开始砍价或对商品百般挑剔

出现这种情况，有很多销售员第一反应是很生气，随后会很纳闷儿——刚才不是说得好好的吗？怎么突然就开始挑起刺儿了？有些急性子的销售员甚至会因此和客户争吵起来。其实，客户是想最后一搏，即使你不给他降价，不对商品的毛病做更多的解释，他也会答应你的。因此，千万别生气，因为成交快要达成了。

- 向身边的人征求意见

一些客户想要成交的时候，往往会寻找身边的伙伴们，征求他们的意见："你们觉得怎样？""怎么样？还行吧？"为何呢？每个人做出决定都希望能得到他人的支持，这是在寻找认同。很明显，他自己心中已经认同了这个产品。

- 开始大发感慨

在你讲解或者停顿期间，客户开始大发感慨，比如说："哎呀，年轻人，你的口才真好，我说不过你！"这是个好迹象，说明客户已经开始认可你了。你现在要做的是主动提出成交，直接说："先生，您看怎么支付方便呢？现金结账还是扫码？"

- 时而看看销售员，时而看看说明书

有时客户会看看销售员，再看看说明书。为何？其实客户心里在琢磨："还有什么问题，我赶快问，看看说明书再挑一挑，挑出个毛病不就可以再降点价钱嘛。"这是人在选购商品时固有的一种心态，实在挑不出问题，那就埋单了。